چ... [illegible] / دریده و بر و جرم برگشته گاه

چو آمد مر آن کینه را خواستار / سر آمد کیومرث را روزگار

برفت و جهان مرورا ماند ازو / نگر تا کرا دولت آورد رو

جهان سر بسر چون فسانست و بس / نماند بد و نیک بر هیچکس

جهان فریبنده را گرد کرد / ره سود بنمود و سرمایه خورد

جهاندار هوشنگ با رای و داد / بجای نیا تاج بر سر نهاد

بگشت از برش چرخ سالی چهل / پر از فکر هوش و پر از رای دل

بفرمان یزدان پیروزگر / بداد و دهش تنگ بسته کمر

پادشاهی هوشنگ چهل سال بود

چو بنشست بر جایگاه مهی / چنین گفت بر تخت شاهنشهی

که بر هفت کشور منم پادشاه / بهر جای پیروز و فرمانروا

وزان پس جهان یکسر آباد کرد / همه روی گیتی پر از داد کرد

نخستین یکی گوهر آمد بچنگ / بحکمت ز آهن جدا کرد سنگ

سرمایه کرد آهن آبگون / از آن سنگ خارا کشیدش برون

چو بشناخت آهنگری پیشه کرد / که ازو تبر ارّه و تیشه کرد

چو این کرده شد چاره آب ساخت / ز دریا بهامون و صحرا بتاخت

بجوی و برود آبها راه کرد / بفرّ کیی رنج کوتاه کرد

بسنجید پس هر کسی نام خویش / بورزید و بشناخت آرام خویش

سپهر گاه مردم بدین بر فزود / پراکند پس تخم و کشت و درود

ازان پیش کاین کارها شد بسیج / نبد خوردنیها جز از میوه هیچ

همه کار مردم نبودی ببر / که پوشیدنیها همه برگ بود

همان کیشتان بود آرام / چنین است آیین هوشنگ شاه

پرستیدن ایزدی بود کیش / نیا را همین بود آیین و کیش

رفتن هوشنگ بسوی کوه و پدید آمدن آتش از سنگ

چو مر تازیان را بمحراب سنگ / بدانگه بدی آتش خوب رنگ

بسنگ اندر آتش ازو شد پدید / کزو روشنی در جهان گسترید

یکی روز شاه جهان سوی کوه / گذر کرد با چند کس هم گروه

پدید آمد از دور چیزی دراز / سیه رنگ و تیره تن و تیز تاز

دو چشم از بر سر چو دو چشمه خون / ز دود دهانش جهان تیره گون

نگه کرد هوشنگ با هوش و هنگ / گرفتش یکی سنگ و شد تیز چنگ

بزور کیانی رهانید دست / جهانسوز مار از جهانجوی جست

برآمد بسنگ گران سنگ خرد / همان و همین سنگ بشکست خرد

فروغی پدید آمد از هر دو سنگ / دل سنگ گشت از فروغ آذرنگ

نشد مار کشته ولیکن ز راز / ازین طبع سنگ آتش آمد فراز

هر آنکس که بر سنگ آهن زدی / ازو روشنایی پدید آمدی

جهاندار پیش جهان آفرین / نیایش همی کرد و خواند آفرین

WERNER HEIDUCZEK

Die schönsten Sagen aus Firdausis Königsbuch

DIE SCHÖNSTEN SAGEN AUS FIRDAUSIS KÖNIGSBUCH

neu erzählt von Werner Heiduczek
unter Mitarbeit von Dorothea Heiduczek

Der Kinderbuchverlag Berlin

Nach Görres, Rückert und Schack

Fachliche Beratung und Nachwort: Burckard Brentjes

ISBN 3-358-01413-4

4. Auflage 1989

Lizenz-Nr. 304-270/325/89
Lichtsatz: Grafischer Großbetrieb Völkerfreundschaft Dresden
Druck und buchbinderische Weiterverarbeitung: Messedruck, Leipzig
LSV 7511
Für Leser von 11 Jahren an
Bestell-Nr. 631 138 1
01980

Ist der Dichter auch gestorben,
seine Zunge fault nicht

ARABISCHES SPRICHWORT

Erstes Buch

Faridun tötet den schlangenschultrigen Sohak,
teilt das Reich unter seine Söhne
und erfährt großes Leid

· I ·

In ferner Zeit lebte auf dem Hochland zwischen dem Indus und der großen Wüste ein Volk, Iraner genannt. Über ihnen am wolkenlosen Himmel brannte immerdar die Sonne, nachts leuchteten die Sterne, und der Mond schien weiß und hell auf die Berge. So verwundert es nicht, daß Männer wie Frauen, Alte wie Junge Feuer und Licht als Ursprung alles Guten in dieser Welt glaubten. Im Norden hingegen, tief unter ihnen, lag das wenig freundliche Steppenland Turans, durchzogen von Nebeln und Wolken. Die Menschen des Lichts schauderte es, hinabzusehen in die unwirtliche Tiefe. Unheilvolles fürchtete man dort, und von Geschlecht zu Geschlecht, hinweg über die Jahrtausende, wurden wunderliche Geschichten erzählt über Ahriman, den mächtigen Herrscher der Finsternis, und seine Helfer, die unheilbringenden Dewe. Und wie noch heute Gutes und Böses einander bekämpfen, Vernunft und Unvernunft, so waren auch die Iraner den Turanern feind und die Turaner den Iranern.

Es geschah — die Menschen unserer Zeit haben das Jahr vergessen —, da bekam die Bosheit Ahrimans Gewalt über Geist und Herz eines Schahs, der über das mächtige Iran herrschte. Sein Name war Sohak.

Den Menschen in Stadt und Land schien, er sei aus der Finsternis aufgestiegen, Sonne und Mond zu verderben. Schon als Jüngling, Sohak lebte noch in der Wüste Arabiens, ließ er seinen Vater morden, um schneller zu Reichtum und Macht zu gelangen. So trug er frühzeitig eine Fürstenkrone. Aber sie genügte ihm nicht, denn es verlangte ihn, Herrscher über die Welt zu werden. Das hatte ihm Ahriman eingeflüstert.

Noch, das erkannte Ahriman, war Sohaks Herz nicht böse genug und seine Klugheit nicht ganz und gar gestorben, da verwandelte er sich in einen Küchenmeister und kam an Sohaks Hof.

»O größter aller großen Fürsten«, sprach er schlau, »ich will dir Speisen bereiten, die noch kein Mund eines Herrschers dieser Welt gekostet hat.«

Sohak gefielen solche Worte, denn seine bisherigen Köche brachten ihm außer Milch, Lauch und anderem Gewächs kaum Besseres auf die Tafel. Ahriman tötete Vögel, Schafe, Ziegen, würzte und briet deren Fleisch, mischte alles mit dem Blut von Löwen, schlug das Gelbe vom Ei hinein, reichte das duftend Zubereitete Sohak auf goldenen Tellern und Saucen in silbernen Schalen. Nicht einen Tag wiederholten sich die Speisen. Mal Rebhuhn und Silberfasan, mal Huhn und Lamm, mal das Schulterstück eines jungen Rinds, dazu köstlichen Wein. Ahriman wußte besser zu kochen als jemals ein anderer Koch.

Sohak war in solchem Maße von Ahrimans Künsten angetan, daß er ihm einen Wunsch freigab.

»O Padischah«, antwortete Ahriman listig, »was könnte mir mehr Glück bedeuten, als Euch nahe zu sein. Wollt Ihr mir Gnade erweisen, dann laßt mich Eure Schulter küssen.«

Sohak, durch das Essen wohlgelaunt und vom Wein berauscht, gewährte seinem Koch eine solche Gunst. Dieser küßte den Fürsten und verschwand alsbald vor den Blicken der anderen in die Erde. Aus Sohaks Schultern jedoch wuchs zum Schrecken aller ein Schlangenpaar hervor, das sich wand und streckte und die gespaltene Zunge aus dem Maul stieß. Als man die Schlangen von den Schultern schnitt, wuchsen im selben Augenblick andere nach, drohender noch als die ersten. Priester, Ärzte, Weise fürchteten den Zorn ihres Herrn, denn sie wußten keinen Rat. Da erschien Ahriman in Gestalt eines Heilkundigen am Hofe und ließ sich vor Sohaks Thron führen.

»O mächtiger König«, sagte er, »Erhabener über den Erhabenen, Ungewöhnlichen geschieht Ungewöhnliches, doch willst du Hilfe, dann gib den Schlangen Menschenhirn zum Fraß. Es gelüstet sie danach. Sind sie gesättigt, werden sie zahm und bereiten dir keine Qual.«

Wohl schüttelten die Mobaden ob solchen seltsamen Rates den Kopf, aber da Sohak sogleich den Befehl gab, das Hirn zweier junger Männer zu bringen, wagte niemand, dem Fürsten zu widersprechen.

So gingen tausend Jahre hin. Und waren die Iraner einst glücklich gewesen, regiert von Herrschern, die sie die Kunst lehrten, aus Steinen Feuer zu schlagen, zu weben, zu schreiben, die Kunst des Gesanges, so litten sie jetzt unter der Grausamkeit Sohaks. Der Weise war dem Toren untertan, das Recht dem Unrecht, die Tugend dem Verbrechen. Nur im verborgenen raunten die Guten vom Guten, die Gerechten von der Gerechtigkeit. Und hin und wieder fanden sich mutige Männer, die das Hirn von Tieren dem der hingeschlachteten Menschen beimengten, so dem einen oder anderen das Leben rettend und dem Volk die Hoffnung.

Eines Nachts hatte Sohak einen Traum, der ihn schwitzen ließ. Drei Helden aus königlichem Geschlecht drangen auf ihn ein. Der jüngste von ihnen schwang eine Stierkeule und schlug sie ihm aufs Haupt. Daraufhin band ihn der Jüngling mit einem Riemen vom Kopf bis zum Fuß und zwängte seinen Hals in einem Halfter ein. So gefesselt, schleifte er ihn durch Staub und Kot zum Berg Demawend. Sohak krümmte sich im Schmerz, als risse ihm die Leber. Er schrie, daß es durch den ganzen Palast hallte.

Von Furcht und Grauen geplagt, ließ Sohak alle Weisen und Kenner der Sterne zu sich kommen, damit sie ihm den schrecklichen Traum deuteten. Bei ihrem Leben, so rief er, wolle er wissen, von wem ihm Gefahr drohe.

Die Lippen der Alten wurden trocken vor Angst und ihre Wangen bleich. Wohl vermochten sie dem Traum einen Sinn zu geben, aber keiner fand den Mut, Sohak sein Wissen um die Wahrheit mitzuteilen.

Der Schah wartete vier Tage, dann verlangte er von den Mobaden, die vor ihm auf den Knien krochen, die rechte Antwort. Da nun doch alles verloren war, faßte sich einer von ihnen ein Herz, trat zum Schah und sprach: »Gnädiger Gebieter, jeder Mensch wird zum Tode geboren. Weltherrscher kamen und gingen. Mach dein Herz frei von allem, was der Wind wegtreibt. Du glaubst dich eine Wand aus Erz, aber die Zeit ist stärker. Du wirst stürzen, wie alles stürzt, und bleichen, wie alles bleicht. Der dir den Thron rauben wird, heißt Faridun. Noch ist er nicht geboren. Aber die Zeit ist so fern nicht.«

Als Sohak das vernahm, schwanden ihm die Sinne, und er sank in den Staub.

Von Stund an ließ der Schah geheim und offen in Stadt und Land, Gebirge und Steppe, am Fluß und in der Wüste nach einem Kind suchen, das da Faridun hieß und schön gewachsen sein sollte wie eine Zypresse.

· II ·

Also verging die Zeit. In einer der sieben Provinzen Irans lebte Abtin, ein Mann von vornehmer Geburt. Er war stark und gerecht, und manch einer des gequälten Volkes erhoffte durch ihn Befreiung von Sohak, dem schlangenschultrigen Schah. Aber Abtin war nicht ein Mann der Erhebung. Sein Auge war müde geworden vom vielen Schmerz, den es ansehen mußte, sein Herz ohne Hoffnung, sein Geist erkannte ein Ziel, aber fand nicht den Weg. So nahm Abtin eine Frau, entsagte allem Ruhm der Welt und ging mit seinem Weib in die Einsamkeit. In der Stille der Berge, an einem Platz, wo der Sommer nicht heiß, der Winter nicht kalt, das Wasser klar ist bis zum Grund, wurde Faridun geboren. Wer ihn sah, erfreute sich an seinem Wuchs, dem Feuer seiner Augen und dem Glanz seines Gesichtes. Der Knabe war von so außergewöhnlicher Art, daß jeder, der von ihm hörte, kam, um ihn anzuschauen. Nicht lange, da drang auch die Kunde zu Sohaks Häschern, daß da ein Junge lebe, der anders sei als für gewöhnlich ein Kind in seinem Alter. Sie eilten in jene Gegend, ergriffen Abtin, der, um die Gefahr wissend, Sohn und Weib versteckt hielt, und erschlugen den braven Mann. Faridunς Mutter aber floh mit dem Kind tiefer in die Berge. Hungrig und mit wunden Füßen gelangte sie schließlich zu einer Weide, wo ein Hirt die Kuh Birmaj weidete, ein Tier, das gesund war, voll im Fleisch und mehr Milch gab als jedes andere Rind.

»Guter Mann«, sagte Faridunς Mutter, »laß dieses Kind dir anvertraut sein, gib ihm Milch von deiner Kuh. Forderst du Lohn, so nimm mein Leben. Ich habe nichts anderes.«

Sie klagte laut, und ihre Tränen waren gleich dem Blut aus einer Wunde.

Der Viehhirt nahm Faridun an Vaters Statt an, und der Knabe gedieh von der Milch des schönen und kräftigen Tieres. Er spielte mit den Fischen im Wasser, den Faltern auf der Wiese und den Vögeln in den Bäumen.

Sohak aber jagte seine Häscher weiter durchs Land, ließ strafen und töten und verlangte Faridun. So eilten drei Jahre fort. Da erschien die Mutter des Jungen wieder auf jener Weide, weil ihr der Ort nicht mehr sicher genug schien für das Leben des Sohnes, und sagte zu dem, der Kind und Kuh hütete: »Die Kunde von Birmaj, deinem schönen Tier, ist weit ins Land gedrungen. Es kann sein, daß Sohaks Jäger kommen, sie zu jagen. Ich will meinen Sohn nehmen, nach Hindustan ziehen und mit ihm auf dem Berg Alburs leben. Dort ist er sicher.«

Sie ergriff den Knaben, eilte ins ferne Hindustan und erkletterte die Felsen des Berges wie eine Gemse. Der Gipfel des Alburs kennt nicht kalten Wind noch Hitze, noch Fäulnis. Todesfurcht und jedes Übel bleiben an seinem Fuß zurück, denn Ahriman darf sich nicht auf ihn erheben. Wer in seiner Höhe lebt, lebt in Frieden und Glück und Gesundheit.

Sohak kam mit seinen Leuten Tage zu spät zu jener Weide. Sie töteten die Kuh, mordeten den Hirten, legten Feuer ins Haus. Faridun jedoch fanden sie nicht.

Als der Knabe sechzehn Jahre alt geworden war, wollte er wissen, welchem Stamm er angehörte.

»Wenn jemand mich nach meinem Namen fragt«, sagte er, »was soll ich antworten?«

Die Frau schwieg. Sie fürchtete, Faridun könne ihr fortlaufen und von den Häschern Sohaks getötet werden. Aber da der Jüngling nicht Ruhe gab, sagte sie ihm, daß sein Vater Abtin sei, aus dem Königsgeschlecht der Kayaniden, Sohak ihn gemordet hätte wie auch die Kuh Birmaj und jeden, der zu ihnen hilfreich war und gut. Allein dieser heilige Berg biete ihnen Schutz vor der Grausamkeit des drachengleichen Schahs.

Faridun entging kein Wort seiner Mutter. Kaum hatte sie geendet, sprang er zornig auf und rief: »Ich will zu Sohak ziehen und seinen Palast zu Asche verbrennen.«

Sosehr die Mutter ihn auch anflehte, bei ihr zu bleiben, besäße er doch keine Krieger, Sohak hingegen ein mächtiges Heer, der Jüngling hörte nicht auf sie.

»Der Löwe, der sich nie versucht, bleibt ängstlich«, erwiderte er.

Die Frau schloß den Sohn in ihre Arme, küßte ihn und sagte: »Der Wein der Jugend berauscht dich. Rache füllt dein Herz. Du kennst nicht die Gefahren der Welt. Sie trägt einen schönen Schein, blickst du in sie, findest du eine Höhle, und gehst du hinein, verirrst du dich. Warum hörst du nicht auf meinen Rat?«

Als Faridun den Alburs hinabstieg, weinte seine Mutter.

· III ·

Immer noch suchten Sohaks Häscher im Schnee der Berge und in der Glut der Wüste nach Faridun. Es verging kein Tag, da der Schah nicht den Namen des Jünglings rief, im Wachen und im Schlafen, beim Wein und an der Quelle des Wassers. Die Angst ließ ihn krumm werden.

Eines Tages befahl er die Großen aus dem weiten Land in den Palast, setzte sich auf den Elfenbeinthron, schmückte sich mit der Krone aus kostbarem Türkis und sprach: »Da, wie es scheint, meine Mobaden Dummköpfe sind und meine Häscher blind, will ich Krieger um mich scharen, vor denen alle Welt erzittert. Menschen will ich mit Dewen paaren, Ziegen mit Wölfen. Ihr sollt hingehen in eure Reiche und dieses Werk vorantreiben. Zuvor aber setze ein jeder seinen Namen unter einen Brief, der in Stadt und Dorf verlesen werden soll und der den Leuten kundgibt, daß ich, der Schah, nichts anderes im Sinne habe als das Wohl des Volkes, Wahrheit, Recht und Liebe zum einfachen Mann, daß ich Lüge als Lüge erkenne, Ungehorsam als Ungehorsam, denn niemand ist weiser als ich, der allgewaltige Herrscher.«

Wohl fanden die Fürsten diesen Brief verwerflich, doch alle unterschrieben ihn. Der eine tat es aus Furcht, der andere aus Gleichgültigkeit, der dritte, weil er daran zweifelte, Sohak sei zu stürzen. Da plötzlich erhob sich im Hof Geschrei. Ein Mann rief um Recht. Als die Diener des Schahs ihn fortjagen wollten, schlug er sie nieder. Sohak befahl den Störrischen vor seinen Thron. Zornig ob der Frechheit und zugleich verwundert über die Unerschrockenheit, hieß er den Mann seine Klage vorbringen. Dieser fiel auf die Knie und kreuzte die Hände vor dem Gesicht.

»Herr«, rief er, »Schahrijar, allmächtiger Fürst, ich bin Kawe, der Schmied, und schreie nach Gerechtigkeit. Siebzehn Söhne waren mir gegeben, sechzehn hast du aus meinem Haus schleppen lassen, um mit ihrem Hirn die Gier deiner Schlangen zu stillen. Jetzt soll mir der Jüngste genommen werden. Was habe ich getan, o großer Schah, daß du mir solche Wunden schlägst? Willst du geachtet sein, wirst du es durch Weisheit erreichen. Willst du geliebt sein, mußt du Güte geben. Willst du mächtig sein, brauchst du starke Freunde. Du aber verbreitest Schrecken und Haß, lohnst die Lügner, erhebst die Falschheit, preist die Ungerechten. Mein Herz ist ohne Hoffnung, vom Kummer gedrückt. Mein Gang ist krumm vor Leid. Jeder Frevel will eine Mitte und ein Ende haben. Wo, o hoher Schah, kann ich den Anfang einer neuen Zeit sehen? Ich bin ein einfacher Mann und war bereit, dir zu dienen, aber mit meinen Söhnen hast du mir den Glauben genommen und die Treue. Wenn dir Macht und Reichtum gehören, warum gehört uns die Not?«

Sohak, ob solcher freimütigen Rede verblüfft, gebot, dem Schmied sogleich den Sohn lebend zurückzugeben. Insgeheim hoffte er, der erstaunliche Mann würde überall des Herrschers Großmut preisen. Er möge, sagte er zu Kawe, gleichfalls den Brief unterschreiben, wie es die Fürsten getan hätten. Als der Schmied jedoch das Schreiben gelesen hatte, ergrimmte er und schrie, die Großen des Landes furchtlos anblickend: »Habt ihr alle den Fuß zur Hölle gelenkt! Diesen Brief unterschreibe ich nicht. Und vor solch einem Herrscher beug ich nicht das Knie.«

Er sprang auf, zerriß das Blatt, und bevor der Schah noch anderes befehlen konnte, eilte er mit seinem Sohn aus dem Palast.

Auf den Straßen und auf dem Markt, überall wo Kawe erschien, versammelte sich eine große Menge Volks. Der Schmied band sein Schurzfell auf ein Lanzenrohr, dieses gleich einer Fahne hoch über seinem Haupt schwingend, rief er: »Mag dieses Fell wertlos sein und unwürdig, aber es scheidet Sohak von Faridun, die Finsternis vom Licht, die Qual von der Freude.«

Immer größer wurde die Schar mutiger Männer, die sich um Kawe sammelte. Sie verließen die Stadt, Faridun zu suchen. Sein Name, von den Iranern zuerst nur heimlich genannt, wurde lauter und lauter gerufen. Sie fanden den Jüngling in der Hütte am Fuße eines Berges, verneigten sich vor ihm und hießen ihn ihren Herrn.

Faridun umarmte Kawe, küßte das Fell auf der Lanze und sagte: »Es soll das Zeichen unseres Glücks sein und unserer Freiheit.«

Er umsäumte es mit griechischem Stoff, schmückte es mit Juwelen und Gold, knüpfte rote, gelbe und blaue Bänder daran und nannte das Schurzfell »Die Fahne des Kawe«. Den Leidenden wurde es zur Sonne, den Mutlosen zum Stern. Von Nord und Süd, von Ost und West liefen Faridun die Menschen zu.

Der Weg war lang, die Nächte waren kalt, die Tage heiß. Unweit von Bagdad erreichte Faridun mit seinen Leuten den Tigris. Die Fährleute jedoch weigerten sich, das Heer überzusetzen. Sie fürchteten die Rache Sohaks. Da stürzte sich Faridun mit seinem Pferd in den Fluß und schwamm ans jenseitige Ufer. Die anderen taten es ihm gleich. Schließlich gelangten sie nach Jerusalem. Von weitem schon sahen sie Sohaks Palast, dessen Zinnen bis zum Saturn hochragten. Manch einer wollte umkehren, als er die gewaltige Burg sah, denn er meinte, nicht Menschenhand hätte eine solche Feste errichtet. Faridun jedoch gab den Männern keine Zeit, zwischen Furcht und Hoffnung abzuwägen. Er hob seine Keule, die er der Kuh Birmaj zum Dank mit einem Stierkopf hatte verzieren lassen, stürmte aufs Haupttor zu, tötete jeden, der sich ihm entgegenstellte, und drang in den Palast ein. Schon jubelten die Krieger, weil sie Sohak besiegt glaubten, aber diesen hatten Unruhe und Angst nach Hindustan getrieben. Sowie ihm die Botschaft überbracht wurde, Faridun trage in Jerusalem die kaiserliche Krone und spiele mit den Frauen des Harems, rüstete Sohak ein Heer. Eifersucht und Haß ließen ihn

die Angst vergessen. Als die Heere aufeinanderstießen, schwankte die Erde, und schwarzer Staub verdunkelte die Sonne.

Niemand heute weiß mehr, wie viele Tage geschlagen wurde, gewürgt und gestochen, wer Mut gewann und wer feige davonlief. Berichtet wird, daß Faridun Sohak gefesselt zum Berg Demawend schleppte, den Frevler in einer Felshöhle an die Steine schmiedete, so der Welt Frieden gebend und den Menschen Wohlergehen.

Wer Faridun begegnete, rief: »Du mögest jung bleiben, wie die Erde alt ist.«

Faridun aber lebte nach dem Spruch der Weisen, daß Gold und ein hohes Schloß dem Herrschenden am Ende keinen Nutzen bringen, weil die Dinge hingehen wie das Wasser im Fluß, nur allein das Wort in Erinnerung bleibt, das über einen Menschen gesprochen wird. Das Wort hingegen nimmt nur den auf, der es um sein Volk verdient hat.

· IV ·

Fünfhundert Jahre waren Faridun gegeben. Während dieser Zeit schien die Sonne mild über Iran. Regen und Flüsse gaben dem Land reichlich Wasser. Die Ernte gedieh, und die Herden wuchsen. Die Menschen kannten nicht Krieg noch Not, nicht Gewalt der Oberen noch Mißgunst. Es war, als hätte in Iran das Leben seinen Sinn erreicht.

Aber die Sonne steigt und sinkt, das Jahr geht, dem Guten folgt das Böse.

Faridun wurden drei Söhne geboren. Jeder war ihm gleich lieb, denn er konnte nicht finden, daß einer dem anderen nachstand an Stärke, Klugheit und Mut. Und da er um das Glück seiner Söhne besorgt war, ließ er in der ganzen Welt nach drei Schwestern suchen, die einander ähnlich waren an Liebreiz und Güte. Er fand sie beim Schah von Jemen, kam mit diesem überein, und am gleichen Tage wurden drei Hochzeiten gehalten.

Als Fariduns Haar weiß wurde und sein Körper schwach, dachte er daran, das Reich aufzuteilen. Da er aber nicht wußte, wie es zum Wohle aller am glücklichsten anzustellen sei, beschloß er, seine Söhne zu prüfen. Er verwandelte sich in einen Drachen und stellte sich zuerst dem Ältesten in den Weg. Als dieser das feuerspuckende Ungeheuer auf sich zukommen sah, rief er: »Ein gescheiter Mann schlägt sich nicht mit einem Drachen!« Er riß sein Pferd herum und floh.

Daraufhin versuchte Faridun den zweiten Sohn. Der stürzte sich alsgleich auf das Untier und hieb wild auf seinen Panzer ein.

Faridun erprobte nun den Jüngsten. Beim Anblick des Drachen zog dieser das Schwert und sprach: »Wohlan, willst du den Kampf, sollst du ihn haben. Doch höre, ich bin Fariduns Sohn, weiß die Keule zu schwingen, den Bogen zu spannen und das Schwert zu führen. Ich rate dir, gib den Weg frei.«

Als dies geschehen war, gab der greise Schah sich den Söhnen zu erkennen. Er wandte sich an den Ältesten und sagte: »Es ist keine Schande zu fliehen, wo Klugheit die Flucht gebietet. Von nun an will ich dich Salm nennen.«

Zum Mittleren sprach er: »Du hast dich als kühn erwiesen, aber zugleich als toll. Tugend ist Mut am rechten Ort. So will ich dich Tur rufen.«

Dann ließ er den Jüngsten vor sich hintreten und sagte: »Bei dir lob ich die Besonnenheit. Paart sie sich mit Mut und Stärke, gereicht sie einem Manne zur Ehre und einem Herrscher zum Lob. Du sollst Iredsch heißen.«

Nachdem Faridun auf solche Weise die Tugenden seiner Söhne herausgefunden hatte, teilte er das Reich unter ihnen auf.

Salm machte er zum Herrn über Rum und Chawer, den Westen also. Tur erhielt Tschin und Turan, den Nordosten. Iredsch aber vertraute er den Thron Irans an und gab ihm dazu das Wüstenland Arabiens. Er hielt den besonnensten der Brüder für wert, Krone und Siegelring zu empfangen. Die Großen Irans küßten die Stufen des Throns, auf dem Iredsch saß.

Salm und Tur zogen in ihre Länder, und alles schien gut zu sein und recht. Nicht lange jedoch, da schlich sich Neid in Salms Herz. Mißgunst ließ ihn nicht schlafen, denn er meinte, ihm, dem Ältesten, stünde zu, was der Vater dem Jüngsten übertragen hatte. Und da er wußte, daß auch Tur nach größerer Macht verlangte, schickte er einen Boten zu ihm und hieß diesen folgendes sagen: »Glück und Erfüllung der Wünsche dir, Schah von Tschin und Turan. Gruß deiner Weisheit und Gruß deiner Furchtlosigkeit. Gruß auch dem Betrogenen. Denn ist je in der Welt geschehen, daß dem Jüngsten Krone und Thron gegeben wurden, den Älteren aber dürres Land? Der Vater hat unrecht an uns getan. Ich bin nicht bereit, mich mit seinem Spruch zu begnügen.«

Diese Worte raubten Tur den Verstand. Er ließ Salm melden, daß er ebenso dächte und bereit sei, den greisen Faridun zu zwingen, das Reich neu aufzuteilen, wenn nicht anders, dann mit Gewalt.

Die Brüder kamen überein, einen Mobaden zum Schah zu schicken, ihm ihre Forderung kundzutun.

Voll Staunen und Erschrecken über die Machtgier seiner älteren Söhne hörte Faridun den Mobaden an, der um sein Leben fürchtete. Aber er ließ den Alten gut bewirten, wußte er doch, daß nicht der Bote zu strafen ist, der ein Übel meldet, sondern der, der es hervorbringt.

»Mir ist weder Zeit noch Kraft gegeben für Haß und Strafe«, sprach er. »Geh und melde das meinen Söhnen. Und sage weiter, sie mögen den Rat ihres alten Vaters nicht dem Wind überlassen. Überwältigt die Herrschaft einen Herrscher, macht sie sein Ohr taub für weise Worte und sein Auge blind für das Leiden des Volkes. Wer so regiert, wird keinen Bestand haben und am Ende an einen Fels geschmiedet werden wie Sohak.«

Kaum war der Mobad fort, ließ Faridun seinen Sohn Iredsch holen, um ihn vor der Tücke seiner Brüder zu warnen.

»Mein Sohn«, sagte er, »solange du eine Krone trägst und stark bist, hast du unbegrenzt Freunde. Bleicht dir die Wange, bist du bald allein. Rüste dich zum Kampf gegen deine Brüder, die nicht wert sind, sich deine Brüder zu nennen. Zaudere nicht eine Stunde. Heißt es doch:

Den Becher leere morgens vor dem Streit,
sonst leert der Sieger ihn zur Abendzeit.«

Fariduns Worte schmerzten Iredsch. Er konnte nicht glauben, daß Salm und Tur einer solchen Bosheit fähig sein sollten. Dem Drachen gegenüber hatte er Besonnenheit aufgebracht. Aber er wußte nicht, daß ein Drache nur ein Drache ist, ein Mensch hingegen, von Neid und Gier getrieben, gefährlicher als jedes Ungeheuer.

»Mein Vater«, erwiderte er, »der Bruder tritt dem Bruder nicht als Krieger gegenüber. An der Krone ist mir nichts gelegen. Wer ihrer wert ist, soll sie tragen. Ich will ohne Heer zu Salm und Tur reiten.«

Voll Bangen und böser Ahnung sah Faridun seinen Sohn Iredsch davonziehen.

Als Salm und Tur gemeldet wurde, Iredsch befände sich auf dem Weg zu ihnen, zogen sie ihm mit ihren Heeren entgegen. Doch es machte sie nicht friedfertiger, den Bruder nur in Begleitung einiger treuer Männer zu sehen, wehrlos und mit heiterem Gesicht. Es entging ihnen nicht, daß ihre eigenen Leute dem jungen Schah zugeneigt waren. Alle drängten sich, ihn zu sehen, und man rief seinen Namen.

Während Iredsch, nichts Böses ahnend, in seinem Zelt schlief, ratschlagten Tur und Salm, was zu tun sei, sich des Bruders zu entledigen. Am Morgen, eh noch die Sonne den Schleier durchbrach, begaben sie sich allein in Iredschs Zelt. Es konnte diesem nicht mehr verborgen bleiben, daß die beiden Böses im Sinn hatten, und ihn überkam Angst.

»O meine Brüder«, rief er, »ich will euch Ring und Diadem überlassen. Es verlangt mich nicht nach Tschin noch Chawer, noch Iran. Ich suche keinen Streit mit euch. Was bedeutet aller Ruhm der Welt, wenn er vom Haß gezeugt wird.«

Aber seine Worte vermochten den Zorn der Brüder nicht zu besänftigen. Ja, Tur fühlte sich noch mehr geschmäht. Er faßte den goldschweren Schemel und schlug ihn Iredsch aufs Haupt. Es half nicht, daß dieser klagte und flehte: »Morde mich nicht! Welchen Lohn soll es dir bringen? Gib mir einen kleinen Flecken auf dieser Welt, meine Hände sollen mich nähren. Selbst die Ameise lebt gern. Was, o Bruder, willst du mehr als die Herrschaft! Ich geb sie dir.«

Tur, seiner Sinne nicht mehr mächtig, zog den Dolch und stieß ihn Iredsch ins Herz. Dann trennte er ihm das Haupt vom Leib, füllte den Schädel mit Muskat und Ambra und schickte ihn Faridun mit dem spöttischen Bemerken, er möge seinen Sohn Iredsch mit Krone und Diadem schmükken, sie, Salm und Tur, hätten weiterhin keine Einwände.

· V ·

Als ein Bote das Haupt des Gemordeten nach Iran brachte, verfinsterte sich die Sonne. Faridun sank, dem Tode nahe, in den Staub. Die Fürsten zerrissen ihre Kleider, die Krieger die Fahnen. Die Rosse färbte man blau, umhängte Zimbeln und Elefanten mit schwarzem Tuch. Durchs ganze Land hallte Wehgeschrei.

Faridums Bett war von nun an die Erde, sein Thron der Staub. Für viele Wochen ließ er niemanden zu sich. Nur das Verlangen hielt ihn noch am Leben zu erfahren, ob Gerechtigkeit genug in der Welt wäre, den Tod des Sohnes zu rächen.

Es dauerte nicht lange, da wurde Faridun gemeldet, im

Frauengemach lebe eine Sklavin, deren Leib schwanger sei vom Samen Iredschs. Der greise Herrscher ließ ihr alle Liebe und Sorgfalt zukommen, hoffte er doch, sie möge einen Sohn gebären, stark wie ein Elefant, die Mörder zu strafen. Aber die Frau brachte eine Tochter zur Welt.

Faridun sah sich in seiner Hoffnung betrogen und verließ zornig das Gemach. Dann jedoch befahl er, das Kind aufzuziehen, wie es dem Sproß eines Schahs zukäme. Umsorgt von weisen Lehrern, der Liebe der Mutter und der Güte Fariduns, wuchs das Mädchen heran und war schlank und schön wie eine zarte Blüte im Garten. Da sie reif geworden war, wählte Faridun für sie einen Mann aus edlem Geschlecht. Und als der Mond neunmal die Erde umkreist hatte, gebar sie einen Sohn.

Faridun, von der Dauer der Jahre und durch den Schmerz erblindet, wurde ob dieser frohen Botschaft wieder sehend. Und als er das Kind in den Armen hielt, schien ihm, auf der Welt sei das Recht nicht verloren, nicht der Glaube und nicht die Hoffnung. Er weinte, daß ihm solches Glück gegeben war. Dann griff er zum goldenen Becher, leerte ihn bis zum Grund und nannte den Knaben Manotschihr. Wer immer das Kind trug, sein Fuß durfte die Erde nicht berühren, sondern schritt über Moschusblüten. Ein seidener Schirm gab Manotschihr Schatten, und seinen Leib schützte man vor scharfem Wind.

So wuchs der Knabe auf. Im Palast brannten wieder alle Kerzen, Zimbeln erklangen, und Feste wurden gefeiert mit Spiel und Tanz. Faridun gab seinem Enkel Königskrone und Herrscherstab, den Schlüssel zu den Schätzen, arabische Rosse und indische Schwerter, Panzerhemden aus Rum, Schilde aus Tschin, und er rief die Großen des Reiches und hieß sie dem jungen Fürsten huldigen.

Es konnte nicht ausbleiben, daß Salm und Tur von Manotschihr Kunde erhielten und der Heiterkeit des alten Faridun. Angst befiel sie, wußten sie doch, daß der Vater nicht eher ruhen würde, bis der Frevel gerächt war. Um dem drohenden Übel zuvorzukommen, suchten sie nach einem redegewandten Mann. Als sie einen solchen gefunden hatten, ließen sie Elefanten vor Wagen spannen, die reich beladen waren mit Gold, Seide, Brokat, Ambra und vielen Schätzen des Abendlandes. Sie trugen dem Boten auf, allen Verstand zusammenzunehmen, die Kunst seiner Rede zu gebrauchen, um Faridun günstig zu stimmen. Sie bereuten ihre Tat, sollte er ausrichten, Ahriman habe ihnen seinerzeit Geist und Herz verwirrt. Sie wünschten nichts sehnlicher, als an Manotschihr gutzumachen, was sie an Iredsch verbrochen. Käme der junge Fürst zu ihnen, sie wollten vor ihm das Knie beugen.

Faridun durchschaute die List seiner Söhne.

»Deine Herren reden weiß und denken schwarz«, gab er dem Boten zur Antwort. »Bring ihnen die Geschenke zurück. Besäßen sie alle Schätze der Welt, Manotschihr können sie mir nicht abkaufen. Ich werde, wie sie wünschen, ihn nach Tschin und Turan schicken, aber mit der Fahne Kawes und einem Heer, so groß, daß der Berg zum Tal wird und das Tal zum Berg. Und nun spute dich, ich habe weiter nichts zu sagen.«

Tur und Salm, von dieser Nachricht aufgeschreckt, trieben ihre Leute zusammen und zogen gegen Iran. Sie überschritten den Grenzfluß Dscheihun und drangen tief ins Land ein. Doch Manotschihr eilte ihnen mit dreihunderttausend Reitern entgegen. Kawes Fahne flog ihnen voraus. Als die Heere aufeinanderstießen, wogte die Erde wie die Wellen des Nils, vom Blut schien sie rot wie ein Tulpenbeet.

Der Tag brachte keinem den Sieg. In der Nacht, die Männer lagen erschöpft im Blut der Freunde und Feinde, wollten Salm und Tur Manotschihrs Heer tückisch überfallen, um so die Entscheidung zu erzwingen. Aber Manotschihrs Späher waren auf der Hut, meldeten ihrem Herrn, daß bei Salm und Tur etwas vorginge, und der junge Schah setzte List gegen List. Er übergab Karen, dem Sohn

سراپرده شاه بیرون کشید
درفش همایون بهامون کشید
همه لشکر گرد ها گرد
چو دریا بجوشید هامون کوه
جهان تیره شد روی گیتی گرد
ز کشور برآمد سراسر خروش
تو گفتی که خورشید
خروشیدن تازی اسپان
ز بانگ تبیره همی
ز لشکر که پهلوان
کشیدند صف

Kawes, den Befehl über das Heer, verbarg sich mit einigen tausend Reitern in einem Hinterhalt und stürzte sich zu gegebener Zeit von der Flanke her auf Turs Leute, die sich des Sieges schon sicher wähnten. Tur suchte Rettung in der Flucht. Jedoch Manotschihr erreichte den Fliehenden, stieß ihm die Lanzenspitze ins Genick, hob den Sterbenden aus dem Sattel und schleuderte ihn zu Boden. Er schnitt ihm das Haupt ab, wie Tur es mit Iredsch getan hatte, und gab Befehl, den Kopf des Frevlers Faridun zu bringen.

Noch lebte Salm. Es gab nicht Frieden im Land, solange dieser ein mächtiges Heer befehligte und Alanen in seiner Hand war, jene Burg am Meer, die vom Wasser bis in die Wolken reichte. Zog Salm sich dahin zurück, vermochte kein Feind ihm etwas anzuhaben. Der Eingeschlossene konnte warten, bis die Sterne ihm wieder günstig waren.

Manotschihr, vom Erfolg über Tur berauscht, wollte sich sogleich aufmachen, um Alanen zu stürmen, bevor Salm hingelangt war. Doch Kawes Sohn riet zur Klugheit.

»Wer, o furchtloser Herrscher«, sagte er, »könnte dir widerstehen. Doch warum willst du das Leben vieler braver Männer hinopfern? Wenn du meiner List vertraust, wirst du in die Festung einziehen unter Jubelgesängen und Paukenschall. Gib mir Turs Siegelring, seine Fahne und laß mich mit meinen Leuten nach Alanen ziehen.«

So geschah es. Als Karen nach Tagen die Felsburg erreichte, schlüpfte er in die Kleider eines Boten, eilte zum Haupttor und rief, noch außer Atem: »Tur sendet mich und schickt, mich auszuweisen, Fahne und Siegelring. Öffnet mir das Tor. Nicht lange, und Manotschihr wird kommen, um Alanen zu stürmen. Ich weiß Rat, ihn zu töten.«

Der Wächter prüfte die Zeichen, und da er an ihrer Echtheit nichts auszusetzen fand, ließ er Karen in die Burg. Er zeigte ihm, wie dieser wünschte, vertrauensvoll Wälle, Türme und Tore. Nachts jedoch, als viele schliefen, nur wenige wachten, öffnete Karen die Tore, ließ seine Leute hinein, und Kriegsgeschrei mischte sich mit Wehklagen.

Noch ehe die Sonne aufging, war Alanen der Wüste gleichgemacht. Salm, der in der Burg Schutz suchen wollte, fand nur noch einen Haufen Steine. Verzweifelt stellte er sich Manotschihr zum Kampf. Aber auch sein Haupt fiel und wurde an Faridun gesandt.

Dieser empfand Genugtuung und zugleich Schmerz, sind doch auch mißratene Söhne Söhne. Der Glanz dieser Welt war für ihn erloschen. Sein Auge sah nichts anderes mehr als die Häupter seiner Söhne Iredsch, Tur und Salm. Nie wieder hat jemand Faridun lachen hören. Der Tod war ihm Erlösung.

Zweites Buch

Destan Zal, der Wildnis preisgegeben,
wird vom Wundervogel Simurg großgezogen, löst die Rätsel
der Mobaden und heiratet Rodhabe

· I ·

In Seistan, das man auch Mittagsland nennt, lebte Sam. Er war ein Fürst von edler Geburt und Manotschihr, dem weisen Herrscher über Iran, treu ergeben. Sam verlangte es nach einem Sohn, doch sein Sehnen blieb ohne Erfüllung. Der Gram darüber beugte seinen Rücken. Als er schon alle Hoffnung verloren gab, reifte im Leib einer seiner Frauen ein Kind, das bald so schwer wurde, daß das Weib unter der Last seufzte.

Da die Zeit heran war, gebar sie einen Knaben. Er war gesund, kräftig und schön wie kaum ein anderes Neugeborenes. Doch wagte keine der Frauen, die das Kind von der ersten Stunde an pflegten, es Sam zu bringen. Außergewöhnlich war nicht nur der Wuchs des Jungen, der Glanz seines Gesichtes, außergewöhnlich war auch seine Haarfarbe: weiß.

Keiner hatte bisher dergleichen gesehen, und jeder fürchtete den Unwillen Sams.

So vergingen acht Tage, und das Jammern im Frauengemach war groß. Schließlich faßte eine Amme Mut, trat vor Sam hin und sprach: »Möge Gott dich segnen. Mögst du immer Sieger über deine Feinde bleiben. Der Himmel beschere dir alles, wonach dein Herz verlangt. Dir ist ein Sohn geboren worden, das Gesicht schön wie der Mond, der Leib stark. Niemand zweifelt, daß er ein Held werden wird, größer als andere vor ihm. Nur eins verwundert und mag Unwissende schrecken: Sein Haar ist weiß. Nimm, o gütiger und weiser Sam, den Knaben, wie ihn dir Gott gegeben hat. Die Welt ist voller Rätsel. Wirf nicht vorschnell von dir, was du nicht lange genug geprüft hast.«

Kaum hatte die Amme geendet, eilte Sam ins Frauengemach. Er sah das weiße Haar des Kindes und meinte, ein Greisenhaupt zu sehen. Zorn und Scham machten ihn blind für alle Vorzüge des Knaben. Hatte sich Sam bislang als ein Mann von Verstand gezeigt, so wandelte ihn jetzt falscher Stolz zum Toren. Er fürchtete den Spott der anderen Fürsten. Wie kann ich diesen Bastard Ahrimans meinen Sohn nennen, dachte er. Seiner Sinne nicht mächtig, gab er Befehl, das Kind außer Landes zu schaffen. In der Wildnis, wünschte er, mochte es verderben.

Die Diener Sams, denen der Auftrag gegeben war, hatten Mitleid mit dem Knaben. Wenn er schon einem ungewissen Geschick ausgesetzt werden soll, dachten sie, so wollen wir ihn zum Berge Alburs tragen, vielleicht, daß der Kleine dort geborgen ist wie dereinst Faridun, als Sohak ihn verfolgte.

Und so geschah es.

Tage und Nächte lag das Kind schutzlos inmitten der Felsen. Der heiße Wind verbrannte ihm die Haut. Der Staub machte es blind. Es saugte an seinen Fingern und weinte kläglich. Löwe und Tiger lieben ihre Jungen mehr, geben ihnen reichlich Nahrung und suchen ihnen schattige Plätze. Sam jedoch blieb ohne Einsicht und Erbarmen.

Auf dem Gipfel des Alburs hatte die Simurg, der Wundervogel, ihr Nest gebaut. Eines Tages schwang sie sich auf, um für die Jungen Nahrung zu holen. Da sah sie den schreienden Säugling auf den nackten Steinen liegen, und Jammer um das hilflose Kind kam sie an. Sie hob es auf und trug es zu ihren Jungen ins Nest, bettete den Knaben warm, brachte ihm Nahrung und zog ihn groß wie eine Mutter.

So verging eine lange Zeit. Der Junge wuchs einer Zypresse gleich und war stark, ein Kamel zu tragen. Eines Tages, als er Steinböcke jagte, erblickten ihn die Reiter einer vorbeiziehenden Karawane. Sie waren von der Anmut des Jünglings so angetan, daß sie an jedem Ort, der ihnen Rast bot, erzählten, welch seltsame Begegnung sie am Alburs gehabt hatten.

Die Kunde gelangte auch zu Sam. Schon längst drückte ihn das Gewissen ob seines grausamen Tuns. Oft lag er nachts wach, und schlief er, quälten ihn böse Träume. Einmal träumte er, ein Reiter aus Hindustan brächte ihm Nachricht von seinem Sohn, den er für tot glaubte. Kaum war Sam erwacht, rief er die Mobaden, ihm den Traum zu deuten.

»O Nariman«, sprachen sie, »jeder sieht die Welt so, wie sein Herz und sein Geist ist, der Herzlose herzlos, der Verblendete verblendet. Der Löwe nährt sein Junges, der Fisch und das Krokodil. Du aber hast dein Kind der Wildnis preisgegeben, nur weil sein Haar weiß ist. Eile, den Verlorenen zu suchen. Der Traum sagt nichts anderes, als daß dein Sohn lebt.«

Schon am nächsten Tag machte sich Sam auf den Weg zum heiligen Berg. Wieder träumte er: Ein Jüngling schritt an der Spitze eines gewaltigen Heeres. Ein Mobad zu seiner Linken, ein anderer zu seiner Rechten. Einer von diesen trat auf ihn, Sam, zu und sagte: »Du verdammst deinen Sohn

seines weißen Haares wegen und bist doch selbst weiß wie die Blätter einer Silberpappel. Du Narr, ein Vogel hat mehr Liebe und Verstand als du.«

Sam schrie im Schlaf auf. Von Schmerz um den verstoßenen Sohn gepeinigt, von Angst getrieben, Gott könne ihn wegen seiner Grausamkeit strafen, eilte er noch nachts weiter, dem Alburs entgegen. Er sah den Berg bis zu den Sternen hochragen und auf seinem Gipfel ein Nest, aus Sandelholz und Aloe geflochten. Neben dem gewaltigen Nest stand ein Jüngling.

Sam fiel auf die Knie, küßte die Erde und pries Gott.

Er suchte einen Pfad, um den Gipfel zu ersteigen. Doch er umirrte vergebens den Berg.

Die Simurg erspähte den Suchenden und wußte, der Mann mühte sich nicht ihretwegen, den Fels zu erklimmen. Sie wandte sich dem Jüngling zu und sprach: »Die Zeit ist gekommen, da du mich verlassen wirst. Ruhm und Glanz erwarten dich. Dein Vater ist ein mächtiger Fürst. Sein Auge ist sehend geworden, sein Herz groß. Ich will dich ihm zurückgeben. Dir ist Unrecht geschehen, so hieß ich dich Destan. Trage den Namen zur Mahnung.«

»Ich tausche dein Nest nicht gegen Throne und Heere«, erwiderte Destan, »den Berg nicht gegen die Stadt und die Sterne nicht gegen Diademe.«

»Mein Sohn«, sagte die Simurg, »deinem Geist ziemen solche Worte. Die Trennung macht mir das Herz schwer wie dir. Aber dich erwartet ein anderes Leben, als du es dir wünschst. Du wirst es erfüllen müssen. Hast du erst mehr von der Welt gesehen, wird dir mein Nest bald weniger wert erscheinen. Nimm eine meiner Federn, und wenn dir Gefahr droht, wirf sie ins Feuer. Alsbald werde ich erscheinen und dir helfen. Geh denn und vergiß mich nicht.«

Daraufhin faßte die Simurg Destan, schwang sich hoch empor und brachte ihn zu seinem Vater. Als dieser den Sohn anblickte, erkannte er, daß er der Krone wert war, und er nannte ihn Zal. Die Simurg aber entschwand hinter einer Wolke.

An diesem Tag legte Sam den Eid ab, Destan Zal hinfort kein Leid mehr zuzufügen und ihm jeden Wunsch zu erfüllen.

· II ·

Es ergab sich, daß Sam sein Land verlassen mußte, um im Auftrage des Schahs gegen die Turaner ins Feld zu ziehen, denn sie bedrohten Iran. Er befahl die Mobaden zu sich und sprach: »Ich vertraue euch meinen Sohn an. Wisset, er ist mir wert wie meine Zunge und mein Auge. Lehrt ihn Klugheit, Milde und Geschicklichkeit. Bewahrt ihn vor Torheit.« Zu Destan Zal aber sagte er: »Ganz Seistan ist dir untertan. Thron und Schätze gehören dir. Versammle um dich aufrechte Ritter und weise Ratgeber. Den Bedürftigen gib reichlich, den Feinden tritt furchtlos entgegen. Und bedenke, du bist breit wie die Wüste, wenn du treue Freunde hast, doch nur so groß wie deine eigene Hand, wenn du allein bist.«

Er drückte den Sohn an sein Herz und zog von dannen. Zal lebte, wie der Vater ihm geraten, und Arme wie Reiche priesen den jungen König.

Eine Zeit war vergangen, da verlangte es Zal, das Land zu bereisen. Mit einer Schar Freunde zog er aus, und die Tage enteilten bei fröhlichen Festen. Wo auch immer sie hinkamen, hörten sie von Rodhabe reden, der Tochter des Königs von Kabul. Ihr Antlitz sei schöner als der junge Tag, sagte man, ihr Mund lieblicher als die Blüte des Granatbaums, ihre Wimpern schwarz wie der Flügel des Raben und der Duft ihres Haares der Ambra gleich. In Zal erwachte Verlangen nach Rodhabe, ohne daß er sie je gesehen hatte. So kam er nach Kabul im Lande Afghanistan.

Michrab, der König von Kabulistan, zog Destan Zal entgegen und brachte ihm reichlich Geschenke. So ziemte es sich, denn er war Sam untertan. Michrab bot dem Sohn seines Herrn die prächtigsten Gemächer des Schlosses an. Doch der Jüngling wollte nicht mit einem Nachkommen des schlangenschultrigen Sohak unter einem Dach wohnen und zog es vor, in seinem Zelt zu schlafen. Destan Zals Freunde hießen Michrab einen Gesellen Ahrimans und drängten darauf, weiterzuziehen. Aber Destan vermochte nicht abzureisen, ohne Rodhabe gesehen zu haben. Je länger er in Kabul weilte, um so größer wurde seine Sehnsucht nach dem Mädchen. Am Tage schaute er zur Sonne, nachts zu den Sternen, dachte an Rodhabe, und das Herz war ihm schwer.

Michrab hielt seine Tochter in den Frauengemächern verborgen. Aber es blieb nicht aus, daß auch sie von Destan Zal erfuhr. Dienerinnen hatten den Iraner gesehen, schwatzten von seiner Stärke und seiner Anmut, seiner Großherzigkeit und der sonderbaren Farbe des Haares. War es erst Neugier, die Rodhabe drängte, mehr über den Jüngling zu erfahren, so wandelte sich diese bald in heißes Begehren.

Sie hatte fünf Sklavinnen, die ihr treu ergeben waren. Als ihr Verlangen nach Destan Zal so groß wurde, daß sie alle Freude verlor an Spiel, Blumen und Tanz, rief sie die Dienerinnen und sagte: »Ich bin toll vor Liebe wie das wütende Meer. Will ich Ruhe finden, kann ich sie nur bei Zal finden. Ratet mir, denn ich bin ohne Rat.«

Aufgestört liefen Rodhabes Vertraute im Saal umher. Sie fürchteten, ihrer Herrin könne Schlimmes widerfahren, würde ihr Wunsch, der gegen Sitte und Recht verstieß, anderen bekannt. So fingen sie an zu klagen und den Iraner zu beschimpfen, wenngleich sie ihn zuvor gepriesen hatten und Schuld trugen, daß Rodhabe einen Mann liebte, den sie nicht lieben durfte. Rodhabe, meinten sie, könne sich nicht einem Manne anvermählen, dem ein Vogel zur Amme gedient habe, sie sei anderer Fürsten wert. Jung an Jahren, sei der Gast aus Seistan ein Greis, sein Haar zeuge davon.

Zorn und Schmerz bewegten Rodhabe, als sie die Sklavinnen so reden hörte. Ihr Blick wurde trüb, und sie erwiderte: »Mein Herz liebt einen Stern, und ihr wollt mir den Mond aufschwatzen. Wer sich nach Gras sehnt, soll nicht mit Rosen getröstet werden. Wenn einem Kranken Essig Heilung gibt, soll man ihm nicht Honig einflößen. Redet mir nicht vom Kaiser des Abendlandes und vom König Chinas, wenn ich Destan Zal liebe. Laßt mich allein, ihr begreift nur, was ihr begreifen könnt.«

Bestürzt ob solcher Worte, umringten die treuen Sklavinnen Rodhabe und versprachen, jegliche List zu gebrauchen, um ihr den zu bringen, nach dem ihr Herz verlangte.

Sie streiften ihre schönsten Gewänder über, steckten Blüten ins Haar und eilten zum Fluß, wo am jenseitigen Ufer Zal sein Zelt aufgeschlagen hatte. Dort pflückten sie Rosen, lachten und tummelten sich so lange, bis Zal sie bemerkte. Wer die schönen Mädchen seien, fragte er. Und als ihm geantwortet wurde, es wären Rodhabes Dienerinnen, rief er einen Sklaven, hieß ihn den Bogen nehmen und lief, schneller als es für seine Würde passend war, zum Fluß. Er gab sich den Schein, als wollte er im Schilf jagen. Er schoß einen Vogel, und es war ihm recht, daß dieser zur Erde stürzte, wo die Mädchen spielten. Zal befahl dem Sklaven, ein Boot zu besteigen und den Vogel zu holen. Es wäre schade, sagte er, das erlegte Tier liegenzulassen. Kaum daß der Mann am anderen Ufer anlegte, näherte sich ihm eines der Mädchen und fragte mit gespieltem Erstaunen, wer sein Herr sei, der so kraftvoll den Bogen zu spannen wisse und einen Vogel im Fluge treffe.

Daß die Mägde seinen Herrn nicht kennen sollten, ärgerte den Diener.

»Was seid ihr dumm«, gab er zur Antwort, »alle Welt kennt Destan Zal, ihr aber fragt, wer die Sonne sei und wer der Mond. Der König von Kabul muß ihm Zins geben. Er kann aus diesem Land mitnehmen, wonach ihn gelüstet. Allerdings ist hier wenig von Wert.«

Das Mädchen lächelte schlau und erwiderte, der hohe Fürst würde seinen Sinn schnell ändern, bekäme er Rodhabe zu Gesicht, Michrabs Tochter. Sie fing an, ihrer Herrin Liebreiz zu preisen, nannte ihre Hüfte zart, die Haut weiß, die Augen von feurigem Glanz. Keinen Vorzug Rodhabes vergaß sie, nicht den Silberhals, nicht den Zypressenwuchs, nicht den Ambraduft des Haares. Dem Sklaven wurde der Mund trocken.

Es ging noch eine Weile hin und her, ob die Herrin dem jungen König oder der König der jungen Herrin über sei. Der Sklavin schien der Sklave noch nicht schlau genug. Und als sie meinte, es wäre angebracht, vergoß sie Tränen. Ihre Herrin wäre krank, so klagte sie. Es gäbe nur einen, sie gesundzumachen. Nach ihm riefe sie Stunde um Stunde, und wenn Destan Zal klüger sei als er, sein Sklave, dann brauchte es nicht so vieler Worte, um zu tun, was in einem solchen Falle zu tun sei.

Der Sklave setzte wieder über den Fluß, berichtete Zal, was ihm widerfahren sei, und wurde alsgleich zurückgeschickt, um dem Mädchen Ringe, Halsschmuck und Edelsteine zu bringen, zudem die Frage, wie es anzustellen sei, Rodhabe zu begegnen.

»Ein solches Geheimnis taugt nur für zwei«, gab ihm die Dienerin lächelnd zur Antwort.

Ein viertes Mal ruderte der Mann das Boot und ohne auszuruhen mit Destan Zal ein fünftes Mal. Noch gilt das Wort: Das Vergnügen des Herrn wächst aus der Plage des Knechts.

Es wurde vereinbart, Zal möge des Nachts zum Schloß schleichen, Rodhabe würde ihn erwarten.

Die Stunden bis zum Abend schienen Destan ein Jahr. Rodhabe ließ inzwischen ihr Gemach mit Teppichen aus Indien und Goldbrokat aus China schmücken, Wein mit Moschus und Ambra mengen. Sie streute Edelsteine und stellte goldene Schalen auf Tische und Truhen. Im Zimmer duftete es nach Rosen, Violen und Jasmin.

Der Mond leuchtete schwach hinter den Wolken. Der Wächter schloß das Tor. Auf ihrem Altan stehend, wartete Rodhabe, und als Zal kam, glühten ihre Wangen, und ihr Herz schlug schnell. Sie wünschte, der Himmel möge dem Geliebten zur Straße werden. Zal hingegen dachte: Wie oft habe ich nach dem Stern des Nordens geschaut und gefleht, er möge mir das Gesicht Rodhabes zeigen.

Rodhabe band ihr Haar los. Es fiel herab bis auf den Rasen, wo Zal stand. An einem lieblicheren Seil war er noch in kein Fenster gestiegen. Doch Destan wollte Rodhabe keinen Schmerz zufügen. So warf er seinen Fangstrick um eine der Zinnen und zog sich mit kräftigen Armen am Seil hoch. Die Liebenden tauschten Küsse, berührten sich, und von Augenblick zu Augenblick wurde ihre Liebe stärker. Erst das Morgenlicht trennte sie, und beide waren der Sonne gram.

Als Destan Zal den Freunden sagte, daß er Rodhabe liebe, schwiegen sie betroffen. Keiner wagte auszusprechen, was er dachte. Manotschihr, ihrer aller Herr, würde niemals erlauben, daß Zal Rodhabe zur Frau nahm. Sie war aus dem Geschlecht Sohaks, der Faridun verfolgt, dem Schmied Kawe sechzehn Söhne gemordet und tausend Jahre hindurch Unheil über Iran gebracht hatte. Da aber der junge König nicht Ruhe gab, rieten sie ihm schließlich, er möge sich Sam anvertrauen, nur der hätte Einfluß genug, Manotschihr gewogen zu stimmen.

So schrieb Zal seinem Vater einen Brief. Er schrieb, was ihm das Herz eingab, und sann nicht auf Schlauheit. Liebe, schrieb er, fragt nicht nach arm und reich, nicht nach hohem und geringem Stand. Er, Destan Zal, sei noch jung, besitze nicht die Weisheit des Vaters und der Mobaden, aber das Schicksal wäre nicht zart zu ihm gewesen. Der Wundervogel habe ihn gelehrt, das Leben zu sehen, wie andere es nicht sehen. Warum sollte Michrab Schuld tragen, wenn Sohak schuldig geworden war, warum Rodhabe ihm versagt bleiben, wäre ihre Seele doch ohne Makel, ihr Geist frisch und ihr Leib schön. Wenn Ahnen gesündigt haben, strafe man nicht die Kinder, schrieb er und bat, der Vater möge des Schwurs gedenken, den er getan hatte. Alle Wünsche, so hätte er gelobt, wolle er dem einstmals Verstoßenen erfüllen. Er, Destan Zal, habe nur ein Verlangen: Rodhabe.

Als Sam die Botschaft empfing, geriet er in arge Not. Er suchte Rat bei den Sternen, aber die Sterne schwiegen. Ihn reute der Schwur, zu dem, wie er meinte, die Freude ihn vorschnell getrieben hatte. War Rodhabe aus dem verhaßten Stamme Sohaks, so Zal der Zögling eines Vogels. Was schon sollte solchen Eltern folgen? Er ließ einen Mobaden kommen, der ihm klüger dünkte als alle anderen, und bat ihn um Rat. Der Alte hatte zahlreiche Länder bereist, viel Wundersames war ihm begegnet. Er trug die Erfahrung in sich, daß Unversöhnlichkeit sich selbst fesselt, die Jugend vorschnell ist, doch unverdorben und der Welt noch aufgeschlossen. In ihrer Unvernunft liegt oft Vernunft. Damit erschrecken sie die Alten, die Gutes wollen, doch nicht selten Folgenschweres tun, weil die Vergangenheit mal wie ein Stein, mal wie ein bunter Vogel auf ihrer Schulter ruht.

Der Mobad schaute auf die Sonne, die glühend aus dem Wasser stieg, und sprach: »Man sagt, daß Feuer und Wasser sich nicht mengen, und doch umfängt der Fluß den Feuerball, läßt ihn des Abends ein und gibt ihn morgens frei. Das klügste Wort faßt nicht die ganze Wahrheit. Vertrau dem Liebreiz Rodhabes und dem guten Herzen deines Sohnes. Zwing ihm nicht auf, was ihn verderben könnte. Wenn ihre Liebe stärker ist als der Haß ihrer Stämme, wird es allen zum Nutzen sein. Warum willst du dich dem entgegenstellen?«

Noch waren Sam nicht alle Sorgen genommen, doch er folgte dem Rat des Alten. Er schickte einen Boten zu seinem Sohn, ihm auszurichten, daß er die Sache nicht gutheißen könne, aber bereit sei, den Schwur zu halten.

Dann machte er sich auf den Weg zu Manotschihr, ihn zu bitten, daß er der Liebe Zals und Rodhabes freundlich begegne.

· III ·

Eine treue Dienerin Rodhabes war ausgewählt, Liebesbotin zwischen Destan Zal und ihrer Herrin zu sein. Noch mußte beider Glück vor Michrab verborgen bleiben. Zal sandte den Brief seines Vaters an Rodhabe. In einem Übermaß an Freude ließ diese die Sklavin auf einem goldenen Stuhl Platz nehmen, schenkte ihr Silber und ein Kleid aus Brokat und hieß sie, dem Geliebten ihren Gruß zu bringen samt einer mit Rubinen gezierten Tiara und einem Ring, dessen Stein wie der Jupiter am nächtlichen Himmel leuchtete.

Die Dienerin jedoch lief Rodhabes Mutter in den Weg. Sindocht, so hieß Michrabs Weib, hegte schon lange Argwohn. Die Tochter schien ihr verwandelt: Die Wangen glühten, die Lippen waren voll, die Augen glänzten. Wie sie ging, so ging kein Mädchen, so ging ein Weib. Und außerdem die Sklavin — zu häufig schlich sie durch den Gang zu Rodhabe.

Sindocht packte die Dienerin und fragte, was sie treibe. Blaß vor Furcht, warf sich diese auf die Knie und rief zitternd: »Ich bin armer Leute Kind, o Herrin, laufe von Haus zu Haus, verkaufe Kleider, Edelsteine, was immer gefragt wird, und schlage mich so durch. Deine Tochter ließ mich rufen, erhandelte von mir ein Diadem und einen Ring. Mehr weiß ich nicht zu sagen.«

Sindocht mißtraute der angeblichen Händlerin, wollte das Geld sehen, welches Rodhabe ihr gegeben haben mußte, und wurde zornig, als sie zur Antwort bekam, die junge Herrin würde am nächsten Tag bezahlen. Sie faßte der Sklavin in den Ärmel, fand Tiara und Ring, griff die Ängstliche beim Haar, schlug ihren Kopf ein paarmal gegen den Boden, trat sie mit Füßen und ließ sie zuletzt in Ketten legen.

Gefällt's dem Herrn, so schlägt er auch den Treuen. Ein Narr, wer schönen Reden glaubt, ohne zu prüfen, und Dank erwartet von den Großen.

Außer sich vor Zorn schrie Sindocht nach ihrer Tochter, schlug die Türen und zerkratzte sich das Gesicht. Als das Mädchen vor ihr stand, rief sie: »An wen schickst du Tiara und Ring? Du umgibst dich mit Kupplerinnen, bringst dir und uns Schande. Womit haben dein Vater und deine Mutter das verdient?«

Unter Tränen gestand Rodhabe, daß sie Destan Zal liebe und in ihrem Glück über Sams Brief getan habe, was zu tun nicht erlaubt sei.

Sindocht hörte diese Nachricht geschmeichelt und erschreckt zugleich. Der Iraner war ihr recht. Nahm er Rodhabe zum Weib, dann wurde Kabulistan mächtig, mit Kabulistan Michrab und mit Michrab sie, Sindocht, selbst. Doch eine solche Wendung des Geschicks schien ihr wenig glaubhaft. Zwischen Manotschihr und Michrab lagen zweitausend Jahre Haß. Eher würde der Schah Kabulistan dem Erdboden gleichmachen als Rodhabe Destan Zal zur Frau geben.

Zwar ließ sie die Sklavin wieder frei, drohte ihr jedoch mit dem Tode, würde sie das Geheimnis ausplaudern. Rodhabe durfte das Zimmer nicht mehr verlassen, und niemand durfte zu ihr ohne Erlaubnis der Mutter.

Sindocht zog sich in ihre Gemächer zurück und weinte.

So fand sie Michrab, der frohgelaunt von Destan Zal kam, mit dem er gezecht hatte. Was sie quäle, fragte er. Die Frau erwiderte, sie hätte an die blühenden Gärten gedacht, die Zedernhaine, den Thron, an Rodhabe und daß ein Baum, dessen Krone in den Himmel reicht, auf einmal stürzen kann. Michrab fand die Worte des Weibes reichlich dunkel, meinte: »So war's, so wird es sein. Der eine kommt, der andre geht. Was soll da alles Jammern. Ich werde nicht klug aus dir. Rede deutlicher.«

Kaum jedoch erfuhr er von dem Liebesspiel zwischen Zal

und seiner Tochter, brüllte er auf wie ein Elefant, zog das Schwert und drohte, Rodhabe zu töten. Mit Mühe nur gelang es Sindocht, den aufgebrachten Mann mit ihren Armen zu umschlingen und ihm, der nichts mehr hören wollte, zuzuschreien, daß Destan Zals Vater unterrichtet sei und keineswegs so tobe wie er, sein Vasall. Es gäbe sogar einen Brief von Sam an seinen Sohn. Er heiße zwar die Sache nicht gut, gebe aber seinen Segen, wenn es nun eben mal so weit gekommen sei.

Die Worte gingen Michrab gut ins Ohr. Er brüllte nicht mehr. Er wog die Sache ab. Schließlich befahl er, ihm Rodhabe zu bringen. Sindocht kannte den Jähzorn ihres Mannes. Sie ließ ihn schwören, der Tochter kein Leid anzutun, erst dann holte sie das Mädchen.

Als Michrab Rodhabe sah — die Liebe, Angst und Trotz machten sie schöner denn je —, war er nicht frei von Stolz, eine solche Tochter gezeugt zu haben. Doch dann dachte er an Manotschihr, zweifelte nicht, daß dieser Kabul zerstören würde, das Schloß, die Gärten, den Thron, und daß sein Weib zu Recht von jenem Baum gesprochen hätte, der in den Himmel wächst und stürzt. Wut machte ihn wieder blind für den Liebreiz Rodhabes.

»Der Sturm gehorcht nicht dem Staub«, schrie er. »Will, wer die Schlange fängt, sich König heißen, wird er gehängt.«

Noch andres Kluge schrie er, und Sindocht schrie, er solle des Schwurs gedenken, denn jede Weisheit, die Michrab herausbrüllte, ließ ihn unbedachter werden.

Rodhabe stand starr und bleich vor ihrem Vater. Sie fühlte, daß weder er noch die Mutter, noch sonst ein Mächtiger dieser Welt ihre Liebe zu Destan Zal töten konnte, es sei denn, er tötete sie selbst. So war sie voller Schmerz, doch auch wieder froh, ging in ihre Kammer und lächelte betrübt.

· IV ·

Das Gerücht ist schneller als der Lauf eines Dromedars. So kam die Kunde, was zwischen Rodhabe und Zal geschehen war, zu Manotschihr, noch bevor Sam anlangte. Der Schah empfing seinen Feldherrn mit den Ehren, die ihm gebührten. Die Nacht hindurch wurde ein großes Gelage gehalten. Aber als Sam des Morgens sein Anliegen vorbringen wollte, ließ Manotschihr ihn nicht zu Worte kommen, gab ihm vielmehr Befehl, nach Kabul zu ziehen, Michrab samt seiner Sippe zu töten, Stadt und Schloß dem Staub gleichzumachen. Sam erschrak über diesen Auftrag, aber er wagte nicht, dem aufgebrachten Herrscher zu widersprechen. Er beugte das Knie, küßte die Erde und brach mit seinem Heer auf. Er dachte an seinen Sohn, und ihm wurde das Herz schwer.

Als Boten nach Kabul die Nachricht brachten, welche Gefahr dem Lande drohe, waren Klage und Jammer groß.

Voller Zorn und gewillt, eher zu sterben als zuzulassen, daß Rodhabe und den Menschen in diesem Land Leid geschehe, ritt Destan Zal dem Vater entgegen. Seine Freunde jedoch rieten ihm, Versöhnung anzustreben statt Krieg.

»Was die Hast verbricht, ist ohne Heilung«, sagten sie, »Stolz zur unrechten Zeit weniger wert als Demut.«

So warf Zal sich seinem Vater zu Füßen und rief: »Alle Welt preist deine Gerechtigkeit, warum verweigerst du sie deinem Sohn? Man nennt dich gütig, warum darf ich dich nicht gütig nennen? Wenn mich eine Schuld trifft, dann nur die, dein Kind zu sein. Ich bin in deinem Haus geboren worden, und du hast mich fortgejagt. Ich bin zurückgekommen, und du verstößt mich. Ich flehe um Liebe, und du gebietest Haß. Wenn es sein muß, töte mich, aber schone Kabul.«

Sam, beschämt von den Worten seines Sohnes, hieß ihn aufstehen und schloß ihn in die Arme. Er war nicht fähig,

Manotschihrs Befehl auszuführen. Wer kann besser für Zal sprechen als Destan Zal, dachte er. Sieht ihn der Schah, wird ihm das Herz groß werden.

»Ich will noch einmal versuchen, Manotschihr für deine Liebe zu gewinnen«, sagte er. »Du sollst selbst der Bote sein.«

Er ging in sein Zelt und schrieb an den Schah.

»Preis sei dem Herrn über uns! Heil sei Manotschihr! Sieg der Fahne des Kawe! Ein Sklave, nah ich mich dir. Mein Thron ist der Sattel des Kampfrosses, meine Krone der Staub der Schlacht. Ich habe die Kargasaren geschlagen, am Fluß Kaschaf den Drachen getötet und habe dir viele Dewe unterworfen! Nie habe ich nach Lohn gefragt. Nun bin ich alt und gehe gebeugt. Meine Lenden sind schlaff, die Keule in meiner Hand tötet keinen Drachen mehr, und das Fangseil schleudere ich nicht wie dereinst sechzig Ellen weit. Macht und Krone will ich in Destan Zals Hand geben. Er wird dir mehr zum Nutzen sein, als ich dir je genutzt habe. Bedenke das, o weisester aller weisen Fürsten. Und bedenke, daß ich meinem Sohn einen Eid geschworen habe, als ihn mir die Simurg, der heilige Vogel, vom Alburs zurückbrachte. Mag es auch zu tadeln sein, aber die Liebe zu Rodhabe brennt ihn aus wie die Sonne den Tropfen Wasser in der Wüste. Dem Diener geziemt es nicht, seinen Herrn zu belehren, aber, o großer und gütiger Schah, Großmut gewinnt die Welt, Rachsucht verliert sie.«

So schrieb Sam, gab den Brief Destan Zal, hieß ihn zu Manotschihr reiten und flehte die Gnade des Himmels auf seinen Sohn herab.

Während dies geschah, ließ Michrab sein Weib rufen und tat ihr kund, daß er beschlossen habe, sie und Rodhabe zu töten. Es gäbe keine andere Möglichkeit, Manotschihr zu versöhnen und damit Kabulistan zu retten. Sindocht lebte nicht minder gern wie der Käfer im Sand. Die Angst ließ sie für Augenblicke taub werden und blind. Nur unter

Anstrengung gelang es ihr zu sprechen. Doch die Furcht vor dem Tod machte sie listig.

»Es liegt an dir, mein Gatte und Gebieter, zu tun, was dir angemessen scheint«, sagte sie. »Ich fürchte mich nicht, zu sterben. Wird Kabulistan dadurch gerettet, soll es geschehen. Doch vergiß nicht, o kluger Michrab, Manotschihr hat Sam geschickt, dich zu töten und dann erst mich und Rodhabe. Gefahr sieht er von dir. Und gibst du ihm nicht darin recht? Wer Frau und Tochter tötet, mordet auch seinen Herrn. So muß Manotschihr denken, schickst du ihm unser Blut. Laß mich zu Sam eilen. Tränen, Witz und reiche Geschenke werden ihn nachdenklich machen. Nimmt er die Schätze, wird er Kabulistan schonen und Gründe finden, es Manotschihr zu erklären. Weist er sie zurück, bleibt dir immer noch Zeit, zu tun, was du für unvermeidlich hältst.«

Michrab war schlau genug zu merken, daß Sindocht für ihr eignes Leben redete. Doch was sie sagte, schien ihm klug zu sein. Er hieß sie an Geschenken mitnehmen, was sie für erforderlich hielt. Geiz, meinte er, sei hier fehl am Platz.

Sindocht ließ dreihunderttausend Goldmünzen in Kisten schütten. Sechzig Mägde trugen kostbare Gefäße, gefüllt mit Perlen, Moschus und Edelsteinen. Sechzig Rosse wurden gesattelt, zweihundert Dromedare beladen, vier indische Elefanten mit Teppichen geschmückt. So ausgerüstet und selbst in kostbare Gewänder gehüllt, begab Sindocht sich zu Sam, der mit seinem Heer vor Kabulistan lagerte.

Der Fürst war überrascht, daß man ihm ein Weib als Boten sandte. So etwas widerfuhr ihm zum ersten Mal. Er verlangte zu wissen, wer sie sei. Doch Sindocht war erst dann bereit, ihren Namen zu nennen, wenn er ihr Sicherheit geschworen habe. Das tat Sam, und Sindocht gab sich zu erkennen. Nicht die überreichten Geschenke bewegten Sam, es war die Unerschrockenheit der Frau, ihre Art, die Rede zu führen, bittend, doch nicht ohne Stolz, flehend, doch bei allem mit Vernunft. Und war sie gleich nicht mehr jung, so blickte Sam sie doch mit Wohlgefallen an. Sie möge, sagte er, ihre Sorge rasch vergessen. Kabulistan werde nichts Böses geschehen. Destan Zal sei unterwegs zu Manotschihr. Wäre der Schah bisher ein weiser Herrscher gewesen, was sollte ihn veranlassen, diesmal das Unrecht dem Recht vorzuziehen. Zum Beweis seiner Wohlgesinntheit nahm Sam die Geschenke an, trug aber den Leuten auf, alle Schätze bei den Zelten seines Sohnes abzuladen.

Er bewirtete Sindocht wie eine, die ihm gleichgestellt war.

· V ·

Sam hatte recht vermutet, Manotschihr fand Gefallen an Destan Zal. Den Brief jedoch las der Schah mit wenig Vergnügen. Es wäre ihm lieb gewesen, Sam hätte die Sache hinter sich gebracht, wie befohlen. Nun schickte er ihm den Sohn und belästigte ihn aufs neue mit dem unerquicklichen Liebeshandel. Die Beharrlichkeit des Alten wie des Jungen hinwiederum gefiel ihm. Er wolle die Angelegenheit noch einmal bedenken, sagte er zu Destan Zal. Er werde ihn rufen lassen, wenn es an der Zeit sei.

Einige Tage gingen hin. Manotschihr befragte die Sternkundigen. Diese befragten die Gestirne und fanden, die Zeichen stünden günstig. Mag sein, Destan tat ihnen leid, mag sein, die Sterne standen wirklich günstig, sei's, wie es sei, Manotschihr hörte den Spruch der Mobaden nicht ungern. Da Sam jedoch in seinem Brief so viele gute Worte für den Sohn gefunden hatte, gelüstete es ihn zu wissen, was daran stimmte und was übertrieben war. Er beschloß, Destan Zal zu prüfen, befahl den Jüngling zu sich und sagte, er wolle ihm Rodhabe geben, vorausgesetzt, er sei der Pahlawan, als den man ihn allerorts preist. Zu diesem Zwecke möge Zal ihm einige Rätsel lösen. Der Schah winkte einen Mobaden an seine Seite, und dieser stellte das erste Rätsel.

»Was ist das? Zwei Rosse, schwarz das eine, weiß das andere. Sie laufen eins dem andern hinterdrein und holen einander doch nicht ein.«

Manotschihr hob die Hand, und wieder trat ein Mobad zu ihm. Er nannte das zweite Rätsel.

»Was ist das? Zwei Bäume, in ihren Kronen wohnt ein Vogel. Sucht er den einen, welkt der andere. Sucht er den anderen, bleicht der eine.«

Der Schah rief einen dritten Mobad, und der sagte das dritte Rätsel.

»Was ist das? Auf hohem Felsen steht ein Haus. Die Menschen zogen fort ins Tal und bauten neue Häuser sich, hinauf bis zu den Sternen. Der eine wurde Knecht, der andre Schah. Ein jeder sann auf seine Lust und war dem andern feind. Vergessen war das Haus auf festem Fels. Hinweggefegt von einem Sturm liegt alles Hocherbaute. Und Knecht wie Schah sehnt nach dem Haus auf jenem Felsen sich.«

Zal sann den Rätseln lange nach. Dann erhob er sich, neigte das Haupt vor Manotschihr und sprach: »Die zwei Rosse, schwarz und weiß, sind Tag und Nacht. Die beiden Bäume sind die Himmelshälften. Der Vogel ist die Sonne. Ihr Kommen läßt die Welt erblühen, ihr Scheiden läßt sie welken. Es ist nicht schwer, diese Rätsel zu lösen. Das dritte jedoch ist von anderer Art. Schlauheit reicht nicht aus, seinen Sinn zu erraten. Es bedarf der Weisheit und der Erfahrung eines langen Lebens, ihm nahe zu kommen. Mir fehlt das eine wie das andere. Doch hat mich die Simurg manches gelehrt. Stünde sie hier und müßte antworten, sie würde sagen: Der Mensch wird geboren, der Mensch stirbt. Das gilt für den Schah wie für den Knecht. Errichte Paläste, türme Schätze auf bis zu den Sternen, verkaufe dich dem trügerischen Ruhm, der Eitelkeit des Hofes, der königlichen Macht. Das alles stürzt, zuletzt stehst du allein und sehnst dich nach dem Fels, dem Haus da oben, das du verlassen hast. Doch jeder Schritt hinauf bedarf der Kraft des Geistes und des Herzens. Hast du dich an Lügen verbraucht, an Schmeichelei und Flitterkram des Tals, bleichst du am Weg dahin und bist schon tot, bevor du stirbst.«

Manotschihr staunte ob solcher Rede eines Jünglings, und die Mobaden lobten Zals lebendigen Geist. Alle wurden von Heiterkeit erfaßt, und Lust zu frohem Gelage überkam sie. Die ganze Nacht hindurch wurde gezecht, und Sklavinnen tanzten. Das Schloß war vom Kerzenschein hell wie der volle Mond.

Als der Tag anbrach, hielt es Destan nicht länger am Hofe. Ihn verlangte nach Rodhabe. So dankte er Manotschihr für die erwiesene Gnade und bat darum, aufbrechen und dem Vater Kunde bringen zu dürfen. Der Schah wußte wohl, daß Destan Zal vom Vater sprach und an Rodhabe dachte. Er war nicht gewillt, den jungen Fürsten so rasch ziehen zu lassen.

»Es verwundert mich«, erwiderte Manotschihr, »daß du so wenig Gefallen an meinem Hofe findest. Anders kann ich dein Verlangen nicht auffassen. Dir zu Ehren habe ich ein Kampfspiel vorbereitet. Es geht nicht an, daß du dich ihm entziehst, müßten doch alle denken, du seiest zwar beweglich in der Rede, aber steif, wenn es gilt, die Keule zu gebrauchen.«

Ohne eine Antwort abzuwarten, ließ der Schah die Trommeln schlagen, so die Ritter zum Kampfspiel rufend. Sie kamen mit Speer und Keule, Bogen und Schwert. Manotschihr stand auf dem Dach des Palastes, um zuzuschauen. Viele hatten schon mit einem Pfeilschuß ihr Ziel sicher getroffen. Da trat Destan Zal vor, rief seinen Namen, zeigte auf den stärksten Baum und schoß den Pfeil mit solcher Kraft, daß er den dicken Stamm durchschlug, als wäre er Papier. Raunen erhob sich ringsum.

Manotschihr gab Befehl, die Lanzen zu erproben.

Zal ließ sich von einem Sklaven den Speer reichen, sprengte mit seinem Pferd in das Getümmel und durchbohrte mit einem Wurf drei Schilde.

»Nun denn«, rief Manotschihr, »ist er mit Pfeil und Lanze nicht zu bezwingen, dann versucht es mit der Kraft der Arme.«

Wieder ritten die Männer gegeneinander. Die Wunden plagten sie, aber ihr Mund mußte lächeln.

Zal wählte einen Gegner, dessen Name bekannter war als der aller anderen. Destan drang so heftig auf ihn ein, daß den Ritter Angst erfaßte und er das Pferd zur Flucht herumriß. Doch Zal setzte ihm nach, packte den Fliehenden am Gurt, schwang ihn hoch und schleuderte ihn zu Boden. Dem Armen knackten die Knochen.

Niemand wagte einen zweiten Gang gegen Destan Zal. Jedem schien es vorteilhafter, den Jüngling laut zu preisen, als von ihm geprügelt zu werden.

»Heil Destan Zal! Heil dem Recken! Heil dem Löwen! Heil dem Drachen!« Geschrei und Lob nahmen kein Ende.

Manotschihr aber reichte dem jungen Helden ein Siegesgeschenk, wie es zuvor noch keinem zuteil geworden war. Dann ließ er ihn von dannen ziehen.

Destan Zal schickte einen Boten zu Sam, dieser einen zu Michrab. Michrab rief Sindocht, und Sindocht eilte zu Rodhabe. Den Alten war, als entstiegen sie, wieder jung geworden, dem Grab. Die Jungen vergaßen zurückliegendes Leid und dachten nicht an künftiges. Berauscht von Freude, nahmen sie den Augenblick für die Ewigkeit.

Das Hochzeitsfest dauerte sieben Tage. Während dieser Zeit war Kabulistan für Zecher und Schlemmer ein Paradies.

Drittes Buch

Rustam, mit Hilfe des Wundervogels Simurg zur Welt gebracht,
erschlägt als Kind einen rasenden Elefanten,
lernt die Kunst der List und gibt Iran einen neuen Schah

· I ·

Nicht lange, da trug Rodhabe ein Kind. Ihr Leib schwoll an, und ihre Wangen wurden gelb. Die Last war bald so schwer, daß Rodhabe meinte, einen Stein im Leib zu haben oder ein Kind aus Erz. Sie vermochte nicht mehr zu schlafen, und im ganzen Frauenpalast hörte man ihr Seufzen. Eines Tages schwanden ihr vor Schmerz die Sinne. Sindocht raufte sich das Haar und lief laut klagend zu Zal. Sie fürchtete, die Tochter müsse sterben, weil sie das Kind nicht gebären konnte.

Destan Zal eilte zu seinem Weib, ihr Trost und Hilfe zu bringen. Aber sie hörte ihn nicht und sah ihn nicht. Der Mann war ratlos wie die anderen und weinte. Da entsann er sich der Simurg. Er rannte nach einem Glutbecken, entfachte darin Feuer und verbrannte die Feder des Wundervogels. Alsbald verfinsterte sich der Tag. Gleich einer großen Wolke erschien die Simurg und ließ sich auf den Zinnen des Schlosses nieder. Flehend fiel Zal vor dem Vogel auf die Knie, begann ihn zu rühmen, doch die Simurg unterbrach ihn und sprach: »Vergiß deinen Gram und trockne die Tränen. Rodhabe wird einen Knaben gebären, dir und Iran zum Ruhm. Die Wolke wird scheu über sein Haupt ziehen, der Löwe vor ihm im Staub liegen. Gib deinem Weib Wein, soviel sie zu trinken vermag. Dann hole einen Mobaden, der die Heilkunst beherrscht. Mit einem scharfen Dolch soll er die Weiche der Schlafenden spalten, den Knaben aus dem Leib ziehen und den Riß wieder zunähen. Ich werde dir ein Kraut zeigen. Das stampfe in Milch, laß es im Schatten trocknen und streiche es auf die

Wunde. Ist das geschehen, berühre die Naht mit meiner Feder. Alsgleich wird deine Frau gesund sein.«

Die Simurg rupfte eine Feder aus ihrem Kleid, ließ sie zu Zal hinabfallen und entflog.

Alles geschah, wie sie es geheißen. Rodhabe lag vierundzwanzig Stunden vom Wein berauscht. Als sie erwachte, lachte sie und redete mit der Mutter, als hätte es nie ein Seufzen gegeben. Sie verlangte nach dem Knaben, und als man ihn ihr brachte, drückte sie ihn an die Brust. Sie küßte ihn und sprach: »Du ruhst mir am Herzen, so sollst du Rustam heißen.«

Gerade erst geboren, schien Rustam ein Jahr alt.

Die Frauen nähten aus Seide eine Puppe, stopften sie mit Zobelhaar aus, malten zwei Sterne auf die Wangen, formten die Arme wie die Glieder eines Drachen, gaben den Händen Löwenklauen, legten der Puppe Speer und Keule bei, setzten sie auf ein Roß und ließen es zu Sam traben. Dem Alten schlug das Herz vor Lust.

»Wenn mein Enkel nur halb so groß wird, wie dieser Seidenbalg verspricht«, rief er, »wächst sein Haupt in die Wolken. Elefanten werden sein Spielzeug sein.«

Den Boten, der ihm die Puppe gebracht hatte, überschüttete er mit Gold.

Rustam brauchte zehn Ammen, um satt zu werden. Bald schon genügte ihm die Milch nicht mehr. Er verlangte nach Brot und Fleisch. Mit acht Jahren verzehrte er, was fünf Männer verzehrten. Alle staunten, wieviel der Knabe aß.

Eines Nachts, Destan Zal schlief trunken im Frauengemach, erhob sich im Hof großes Geschrei. Der weiße Kampfelefant des Herrschers hatte sich losgerissen, und den Menschen im Schloß drohte Gefahr. Rustam, vom Lärm wach geworden, stürzte zum Fenster. Als er das rasende Tier erblickte, griff er zur Keule, um sich dem Elefanten entgegenzustellen. Doch die Wächter wollten den Jungen nicht hinauslassen, sie fürchteten, ihm könnte Übles geschehen, Zal würde sie dafür strafen. Rustam war so erzürnt, daß er einem der Wächter in den Nacken schlug. Dem armen Mann rollte der Kopf weg wie ein Ball. Die anderen flohen daraufhin. Der Knabe zertrümmerte mit seiner Keule Riegel und Bänder des verschlossenen Tores, rannte auf den schnaubenden Elefanten zu und zerschmetterte ihm mit einem Schlag das Haupt. Dann ging er zurück in sein Zimmer und schlief bis in den späten Morgen.

Als Destan erfuhr, was nachts geschehen war, dauerte ihn der Verlust des schönen Tieres. So manchen Feind hatte es während der Kriegszüge in die Flucht gejagt, nun lag es kläglich im Hof, gefällt vom Übereifer Rustams. Jeden anderen hätte Zal für solch eine Tat in den Kerker werfen lassen, Rustam jedoch lobte er ob seiner Furchtlosigkeit und Kraft. Er wußte aber auch, daß Mut und Stärke allein den Mann nicht zum Helden machen. Fehlt der Verstand, wird der Tapfere leicht zum Toren. Es schien ihm an der Zeit, den Sohn auch die List zu lehren.

»Gürte dich«, sagte er, »zieh mit einigen deiner besten Leute zum Berg Sipand und laß das weiße Schloß in Flammen aufgehen. Die Feinde Irans nehmen es als Zufluchtsort, stürmen aus der Burg, verheeren das Land und ziehen sich wieder dahin zurück. Schon Nariman, dein Ahn, ist vor diesem Schloß durch einen Stein getötet worden, und dein Großvater Sam hat vergeblich versucht, es einzunehmen.«

Rustam rief seine Männer, hieß sie sich rüsten, gab ihnen nicht Zeit zu essen und zu trinken, sondern wollte zum weißen Schloß jagen. Zal lächelte über die Hast des Jungen, wartete, bis Rustam kam, um Abschied zu nehmen, reichte ihm einen Becher Wein und gebot ihm, sich zu setzen. Rustam gehorchte, aber er war voller Ungeduld, zappelte mit den Füßen, während sein Vater trank, einen Becher, noch einen und einen dritten. Schließlich wandte sich Destan Zal seinem Sohn zu und sagte: »Wollte ich dich jetzt ziehen lassen, es wäre der letzte Schluck, den wir miteinander trinken. Um das weiße Schloß einzunehmen, bedarf es zuerst des Kopfes, dann der Kraft der Arme. Laß deine Krieger absitzen und rüste eine Karawane. Belade die Kamele mit Salz und kleide dich als Sarawan. Salzhändler sind Männern wie Frauen auf dem Berge Sipand willkommen. Sie werden dich reich bewirten. Schlage nicht gleich mit der Keule um dich. Trink ihren Wein, iß ihr Fleisch, singe ihre Lieder. Wer an einem Tag ein Held werden will, den fressen am zweiten die Geier.«

So sprach Zal, und Rustam tat, wie der Vater geheißen.

Der Burgherr des weißen Schlosses öffnete der Karawane das Haupttor, und es wurde Markttag gehalten. Einer zahlte mit Gold, ein anderer mit Tüchern, ein dritter mit Fellen. Niemand ahnte Arges. Rustam und seine Leute tranken Wein, aßen Fleisch, sangen die Lieder von Sipand, und hätte Destan Zal seinem Sohn nicht einen klugen Mann als Begleiter mitgegeben, Rustam hätte die Burg wieder als Sarawan verlassen. Es widerstrebte ihm, Menschen, die freundlich zu ihm waren, heimtückisch zu morden. Doch als die Dunkelheit kam, nahm der Mobad seinen jungen Herrn beiseite und sprach: »Tapferer Fürst, dein Vater, unser Gebieter, läßt dir durch meinen Mund sagen, ein offenes Gesicht zeige dem Freund, der Feind lohnt Ehrlichkeit mit harten Schlägen. Rührt dich sein Leid, wirst du bald über den eigenen Tod weinen.«

Noch in der gleichen Nacht brannten auf dem Berg Sipand die Häuser. In den Straßen floß Blut. Im weißen Schloß blieb nicht ein Mann am Leben.

Als die Sonne aufging, sah Rustam vom Dach des Palastes auf die verwüstete Stadt. Seine Leute jubelten ihm zu, aber er blieb stumm und gab den Gruß nicht zurück.

Der Mobad stand hinter ihm und sagte: »Wie willst du das Lamm schützen, wenn du den Wolf nicht tötest?«

· II ·

Fehlt der Hirt, reißen die Wölfe die Schafe.

Manotschihr starb und Sam. Naudhar, Manotschihrs Sohn, übernahm Thron und Herrschaft. Aber er wurde von den Turanern gefangengenommen und erschlagen. Es kam eine Zeit, da der Thron Irans verwaist war und das Land ohne Schutz. Die Turaner überschritten den Grenzfluß Dscheihun. Voller Schrecken floh das Volk nach Sabul. Es schrie laut nach Destan Zal, und einer trat vor und sprach: »Sind deine Ohren taub geworden, deine Augen blind? Das Volk leidet Not, du aber gibst dich der Lust hin. Irans Thron wird den Turanern zum Raube, und du läßt Zimbeln spielen. Afrasiab, der Sohn des turanischen Schahs, ist über den Dscheihun gekommen. Sein Heer verdunkelt die Sonne. Weißt du ein Mittel, so zaudere nicht.«

»Was redet ihr«, erwiderte Destan Zal. »Ich habe Manotschihr gedient und Naudhar, den Afrasiab gemordet hat. Auf Naudhar folgte Zau, auf Zau Garschasp. Sie alle sind tot. Habe ich nicht das Recht, alt zu werden? Mein Rücken ist gekrümmt. Meine Schenkel sind schwach. Meine Arme können den Bogen nicht mehr spannen wie damals, als Manotschihr meine Kraft erprobte. Stellt mir Rätsel, ich will sie lösen, aber die Keule schwingen müssen Jüngere. Ich werde euch meinen Sohn geben. Er wird euch nützlicher sein als ich.«

Als das Volk seinen Fürsten so sprechen hörte, kehrte ihm die Hoffnung zurück.

Zu Rustam aber sagte Destan Zal: »Du hast mit einem Hieb den rasenden Elefanten getötet, das weiße Schloß auf dem Berge Sipand durch List eingenommen, jetzt sollst du gegen Afrasiab ziehen, den Heerführer der Turaner. Ich lasse dich mit Sorgen gehen, mein Kind, noch duftet dir die Milch aus dem Mund.«

Und als Rustam ausrief, jetzt sei nicht die Zeit, sich feige zu verkriechen, Löwen zu werfen mache den Mann, allein

Weiber zeigten sich anders, ihr Name werde nicht groß, weil sie nur essen und schlafen — als er sich so ereiferte, lächelte Zal. Freude und Traurigkeit erfaßten ihn gleich stark. Gegen Afrasiab waren der weiße Elefant und der Berg Sipand vergnügliche Ritterspiele. Rustam, das wußte er, würde zum erstenmal in eine Schlacht ziehen, wo der Staub aufwirbelte bis zum Mond. Er wollte ihm dazu Sams Keule geben und ein Pferd, stärker als alle Araberrosse.

Zal ließ sämtliche Herden aus Sabul und Kabulistan an seinem Sohn vorbeiführen. Rustam prüfte die Brandzeichen der Tiere. Doch drückte er einem Pferd die Hand auf den Rücken, bog es sich durch und lag mit dem Bauch auf der Erde. Endlich gewahrte er eine graue Stute. Ihre Brust glich der eines Löwen, und ihre Ohren waren blitzende Dolche. Ihr folgte ein Füllen, nicht weniger kräftig wie die Stute. Es hatte schwarze Augen, schwarze Hoden und stampfte mit Hufen wie aus Erz wild den Boden. Es war ein Schecke. Als Rustam das Füllen sah, griff er nach dem Fangseil. Ein alter Hirt aber, der die Herde begleitete, rief ihm zu: »Nimm kein Roß, Herr, das anderen gehört!«

Rustam war verwundert über solche Worte. Die Schenkel des Tieres waren ohne Brandzeichen. Also gehörte es niemandem.

Der Hirt erwiderte: »Suche nicht nach seinem Brandzeichen. Niemand kennt seinen Herrn. Wir rufen es Raksch, den Blitz des Rustam. Keiner weiß, wie es zu diesem Namen kam. Schon mancher Fürst begehrte das Tier. Doch sieht seine Mutter die Fangschnur, rast sie auf den Werfer los. Hüte dich, glaubt sie das Füllen in Gefahr, gleicht sie einem Drachen. Selbst Löwen und Tigern graut es vor ihr.«

Die Worte des Alten steigerten Rustams Verlangen. Unversehens warf er dem Füllen die Schlinge über den Kopf. Einem wilden Elefanten gleich stürmte die Stute auf ihn zu. Rustam brüllte so laut auf, daß sie scheute. Seine Faust traf ihren Nacken, sie stürzte zu Boden, lag eine

Weile zitternd da, sprang dann auf und floh mit fliegender Mähne zur Herde.

Rustam stemmte die Füße auf den Boden und zog den Knoten der Fangschnur fester. Dann drückte er eine Hand auf den Rücken des Schecken, aber der schien den Druck gar nicht zu spüren.

»Das ist mein Sitz«, sagte Rustam. »Auf Raksch will ich in die Schlacht reiten.« Er schwang sich auf das Pferd, und es stürmte davon, daß kein anderes ihm zu folgen vermochte.

»Was gilt der Preis?« rief Rustam dem Hirten zu.

»Iran selbst«, entgegnete der Hirt. »Bist du Rustam, so nimm das Tier und gib der Welt wieder Ordnung.«

Rustam lachte bei diesen Worten auf. Destan Zal aber ließ die Trommeln schlagen.

· III ·

Obwohl alt und schwach, zog Destan Zal an der Spitze seines Heeres gegen die Turaner. Das Gras stand saftig, und Rosen blühten. Die Hufe der Pferde stampften die Blumen nieder, und das Gebrüll der Elefanten übertönte den Gesang der Vögel. Trommeln, Glöckchen, Schreie: Es war ein Lärm, als sollten Tote geweckt werden.

Als die Iraner sich den Turanern bis auf zwei Meilen genähert hatten, ließ Zal die Zelte aufschlagen. Noch hielt Afrasiab sich zurück, und auch Destan zögerte. Er versammelte die Fürsten um sich und sprach: »Am Rande des Wassers lagert das Heer der Turaner. Ihr alle seid kampferprobte Männer, und doch: Fehlt ein Schah, fehlt Rat. Wir gleichen dem Blinden, der die Keule gegen einen Drachen schwingt. Die Turaner werden nicht angreifen, solange ihre Kundschafter nicht unsere Stärke erforscht haben. Laßt uns die Zeit nutzen, Iran einen neuen Schah zu geben. Mir ist bekannt, ein Nachkomme Fariduns hat sich ins Gebirge zurückgezogen. Er gilt für tapfer, gerecht und weise. Sein Name ist Kai Kubad.« Dann wandte er sich Rustam zu und fuhr fort: »Nimm einige Männer und reite zum Berg Alburs. Gönne dir keine Ruh, nicht beim Schein der Sterne und nicht in der Glut der Sonne. Entbiete Kai Kubad unseren Gruß und sage, was zu sagen ist.«

Rustam verneigte sich vor dem Vater, wählte einige Vertraute und eilte noch zur selben Stunde zum Berg Alburs. Sie waren keine halbe Stunde geritten, da stellten sich ihnen Vorposten der Turaner in den Weg. Mit Wutgeschrei stürzte sich Rustam auf die Feinde, schwang die Keule, schlug rechts und links, so daß die Turaner entsetzt zurückwichen. Sie flohen zu Afrasiab, um zu berichten, was ihnen begegnet war.

Afrasiab rief nach Kelun, einem listigen und starken Mann. Er hieß ihn, Rustam zu verfolgen. Doch Kelun gelang es nicht, den Iraner einzuholen. So verbarg er sich mit seinen Leuten längs des Weges hinter den Felsen und wartete auf Rustams Rückkehr und auf Kai Kubad, denn er ahnte, wem dieser Ritt galt.

Inzwischen jagte Rustam dem Alburs zu. Er ruhte nicht beim Schein der Sterne und nicht in der Glut der Sonne. Schon sah er den Berg des Wundervogels Simurg in die Wolken ragen, da gelangte er zu einem Palast, umgeben von Wald und sprudelnden Quellen. Nahe einem Bach war ein Thronsitz errichtet. Er war mit kostbaren Teppichen behängt und duftete nach Moschus und Rosenwasser. Auf dem Thron saß ein Jüngling, um ihn herum standen Pahlawane. Alle waren froher Dinge. Als sie Rustam erblickten, entboten sie dem Fremden ihren Gruß und sagten: »Wer du auch seist und wie du heißen magst, reite nicht vorbei, ohne unser Gast zu sein. Iß unser Fleisch, trink unseren Wein und erzähl, was du in Wüste und Gebirge gesehen hast.«

Rustam erwiderte: »O Ruhmeswerte! Gottesgesegnete! Irans Grenzen sind von Feinden bedroht. Der Thron ist

مرا باد با کشتی اندر فکند
ازین پس یکی تیره دیوی شگفت

ohne Herrscher, das Volk voller Angst. Wie kann ich da ruhen und zum Becher greifen. Erlaubt mir, ohne Rast zum Alburs zu ziehen. Von dorther erhoffen wir Rettung. Wollt ihr Irans Leid lindern, so zeigt mir den Weg zu Kai Kubad. Das Volk ruft nach ihm. Ich bin Rustam, der Sohn Destan Zals, und bin geschickt, Kai Kubad zu huldigen.«

Als der Jüngling Rustam so sprechen hörte, erhob er sich, reichte dem Gast einen Becher Wein, hielt ihm den seinen entgegen und sprach: »Ich bin der, den du suchst. Rufen mich die Großen des Reiches auf den Thron, so will ich den Ruf hören. Verlangt das Volk nach mir, will ich den Alburs verlassen, der mir über Jahre hin wirtlich war.«

Rustam beugte das Knie, aber Kai Kubad hieß ihn aufstehen.

»Leere mit mir den Becher«, sagte er, »daß Iran Ruhe und Glück zurückkehre.«

Nicht lange, da jagten sie Seite an Seite durch die harte Wüste, vorbei an Felsen und blühenden Oasen. Sie gönnten sich und den Pferden keine Rast. Der Durstige blieb durstig, der Erschöpfte erschöpft. So gelangten sie bald zu dem Ort, wo Kelun im Hinterhalt wartete. Kai Kubad zauderte nicht, rief seine Gefährten zum Kampf, kaum daß er die Turaner erspähte. Doch Rustam hielt ihn zurück.

»Erhabener Fürst«, sagte er, »begehre du nicht Streit mit Leuten, die deiner nicht wert sind.«

Er hob die Keule und flog mit Raksch, so wird berichtet, allein auf die Turaner zu. Wen er auch nur mit der Fingerspitze berührte, der stürzte vom Pferd. Kelun durchbohrte er mit dem Speer, daß der wie ein Vogel am Spieß auf dem Boden lag. Wer von den Turanern noch am Leben war, rettete sich durch die Flucht.

Die Freunde staunten, die Feinde zitterten ob solcher Kraft. Und wer's heute nicht glauben will, mag zum Alburs ziehen und die Spuren suchen, die Rustams schwerer Fuß in die Felsen gedrückt hat.

Als der Mond zweimal gestiegen war, erreichten sie das

Lager der Iraner. Rustam nahm Kai Kubad bei der Hand und führte ihn zu seinem Vater. Was er selbst vollbracht hatte, darüber schwieg er.

Sieben Tage lang berieten die Mobaden, ob Kai Kubad für Iran der rechte Schah wäre. Und da die Sternentafeln auswiesen, es gäbe keinen Würdigeren, wurde sieben Tage und Nächte hindurch ein Fest gefeiert. Am achten Tage aber führte man Kai Kubad zu einem Thron aus Elfenbein und setzte ihm Irans Krone aufs Haupt.

· IV ·

Dem Schmaus folgt Jammer, dem Fest die Not. Als das Heer der Iraner mit dem der Turaner zusammenstieß, wuchsen im flachen Land Gebirge von Toten. Geschrei stieg zur Sonne auf und drohte, sie aus der Bahn zu schleudern.

Noch gab es nicht Sieger und Verlierer, da stürmte Rustam zu seinem Vater und rief: »Zeige mir Afrasiab, ich will ihn beim Gürtel fassen und durch den Sand schleifen.«

»O mein Sohn«, erwiderte Destan Zal, »halte dich vor dem zurück. Er hat den Schah Naudhar gemordet, selbst seinen eigenen Bruder erschlagen. Afrasiab ist ein feuerspuckender Drache. Seine Fahne ist schwarz wie sein Panzerhemd, und auf dem Helm wallt ein Busch schwarzer Federn. Die Dewe sind ihm hold, und er ist bekannt für sein Kampfglück.«

Das zu hören war Rustam lieb. Noch kannten wenige seinen Namen, und er wünschte, daß es anders würde. So trieb er Raksch, die Worte des Vaters nicht achtend, vor das Heer der Turaner und schrie nach Afrasiab. Dieser wollte wissen, wer der tollkühne Jüngling sei. Und als man ihm sagte, es wäre Sams Enkel, die Keule mit dem Stierkopf deute darauf hin, ritt Afrasiab, die Menge seiner

Krieger zerteilend wie ein Schiff den Strom, auf Rustam zu. Kaum erspähte dieser den Heerführer der Turaner, drückte er seine Schenkel fest an den Leib des Pferdes, sprengte auf Afrasiab zu und faßte ihn beim Gürtel. Er wollte den gefürchteten Mann lebend zu Kai Kubad bringen, damit sein, Rustams, Name in aller Munde sei. Doch der Riemen riß. Afrasiab stürzte in den Staub. Seine Ritter umringten ihn sogleich. Rustam biß sich vor Wut in den Finger. Noch einmal streckte er den Arm aus, und es gelang ihm, Afrasiab den Helm vom Haupt zu reißen. Dann brach er ins feindliche Heer ein.

Den Turanern war der Mut genommen. Sie stoben auseinander. Afrasiab hatte keine Gewalt mehr über seine Leute. So floh er durch die Wüste, um wenigstens das eigene Leben zu retten. Er setzte über den Dscheihun, ruhte sieben Tage am Ufer des Flusses und überdachte, was er nach dieser schmachvollen Niederlage seinem Vater, dem Schah von Turan, sagen sollte. Er fürchtete Schimpf und Hohn. Schließlich faßte er sich ein Herz, trat vor den Herrscher und sprach: »Ich komme ohne Sieg, und du magst mich schmähen. Mein Arm ist nicht schwächer geworden, mein Mut nicht geringer. Aber in Rustams Hand bin ich ein Schilfhalm. Läßt er seinem Pferd die Zügel, gilt ihm alles gleich: Fluß, Weg, Tal oder Berg. Ihn trafen mehr als tausend Keulenschläge, aber er steht wie ein Fels. Es war nicht recht, mein Vater, daß du mir befahlst, den Dscheihun zu überschreiten. Mit den Iranern war Frieden geschlossen. Wer sein Wort bricht, erwirbt einen bösen Namen. Läuft der Ruhm von Land zu Land, die Schande ist schneller. Faridun hat das Reich geteilt. Er gab uns Turan, und wir wollen es so belassen. Mach, ich bitte dich, Frieden mit Kai Kubad. Zehntausende Frauen klagen um ihre Männer. Wie viele sollen es noch werden.«

Turans Schah soll, so heißt es, geweint haben. Einer behauptet, weil ihn die Worte des Sohnes ergriffen hätten, ein anderer meint, weil die Schlacht verloren war. Un-

bestritten ist, daß Afrasiabs Vater dem Rat seines Sohnes folgte und einen Brief an Kai Kubad schrieb.

»Ich spreche für fürstliche Gerechtigkeit«, schrieb er. »Ist Iredsch in Turan Böses widerfahren, soll das Böse sich nicht fortpflanzen. Hat Faridun das Reich unter seine Söhne Salm, Tur und Iredsch geteilt, mögen die Grenzen bleiben, wie es rechtens ist, damit Weh und Klage aus der Welt kommt. Greifen wir nicht mehr zu Schwert und Keule, das sind Macht und Besitz nicht wert. Zuletzt wird jedem vom Boden, den er einmal besaß, nur so viel zuteil, wie sein Leib mißt. Wir wollen an das Heil unserer Völker denken. Mögen sie im Frieden Glück finden.«

Der Herrscher Turans schrieb noch manches andere: über den Ruhm Kai Kubads, die Taten Rustams, die Weisheit Destan Zals, die Unerschrockenheit des Schmiedes Kawe. Ob er es freien Herzens schrieb oder weil er als Besiegter einen günstigen Frieden suchte, ist nicht überliefert. Berichtet wird, daß Rustam diesem Brief mißtraute. Er riet dazu, den errungenen Sieg zu nutzen.

»O Schahrijar«, sprach er zu Kai Kubad, »als die Turaner über den Dscheihun setzten, haben sie nicht an Frieden gedacht. Erst meine Keule brachte sie zur Einsicht. Suche nicht im Krieg den Frieden, wenn du im Vorteil bist.«

Doch der Schah wies ihn zurück.

»Rache bringt der Welt keinen Nutzen«, erwiderte er. »Beschütze, was dir gehört, aber reiße nicht fremdes Land an dich. Geh also. Ich überschreibe dir die Keschwars von Sabul bis zum Indus. Nimm die Krone von Nimros und gib dich den Menschen freundlich.«

Und so, wie Kai Kubad hier der Vernunft folgte, war er den Iranern hundert Jahre lang ein weiser und gütiger Herrscher. Er ließ Dörfer und Städte bauen, gab den Hungrigen Brot und den Dürstenden Wasser. Er lebte nach dem Spruch: »Wer hat, genieße und teile aus.«

Als er spürte, daß die Zeit heran war, da er sterben sollte, rief er seinen ältesten Sohn, Kai Kawus, zu sich und sagte:

»Mein Bündel ist gepackt. Mir ist, als sei ich eben erst fröhlich vom Alburs hergezogen. Laß mir den Sarg, nimm du den Thron und denke daran: Glück und Macht vergehen. Heute hebt dich die Welt empor, morgen stürzt sie dich in den Abgrund. Fängt dich die Gier in ihrem Netz, kommst du darin um.«

Er setzte seinem Sohn die Krone aufs Haupt und starb.

Viertes Buch

Rustam besteht sieben Abenteuer,
heilt den geblendeten Kai Kawus und
kämpft gegen einen Zauberer

· I ·

Ist der Ast krank, schlage nicht den Stamm. Wird der Sohn schuldig, hilft es nicht, wenn man den Vater prügelt.

Einst ergötzte sich Kai Kawus in einer Rosenlaube an süßem Wein. Die Großen des Reiches umringten ihn und sagten ihm viel Angenehmes. Da hob Kai Kawus den Becher und rief trunken: »Nennt mir einen Fürsten, der mir gleichkommt. Die Welt ist groß, doch möchte ich ihre Grenzen aufreißen nach oben und unten, rechts und links, den sieben Himmeln einen achten geben.«

Wer ihn so reden hörte, stand verwundert und schwieg betreten. Indessen trat ein Dew, als Spielmann verkleidet, zu einem der Türsteher und bat um Einlaß. Er käme, sagte er, aus Masanderan. Der Ruhm des großen Schahs sei bis in dieses ferne Land gedrungen. Er käme, um den göttlichen Herrscher mit seiner Kunst zu erfreuen. Der Türsteher meldete Kai Kawus das Begehren des Fremdlings. Dem Schah war der Sänger willkommen. Er befahl, ihn vor den Thron zu führen, und verlangte nach einer Probe seiner Kunst. Alsgleich schlug der Dew die Saiten und sang mit schöner Stimme das Lied von Masanderan, wo die Rosen nicht aufhören zu blühen, wo die Berghänge ein aufgerollter Teppich sind aus Tulpen und Anemonen, wo Frost die Erde nicht aufreißt, Hitze die Wiesen nicht verbrennt, wo in den Bächen Rosenwasser fließt und das Land, so weit es sich ausdehnt, mit Gold und Edelsteinen bedeckt ist. Wem Masanderan verschlossen bleibt, der kennt nicht Glück und Freude.

Der Spielmann hatte noch nicht geendet, da entbrannte in Kai Kawus schon Gier nach Masanderan. Er leerte den Becher, warf ihn weit von sich und rief: »Genug des Weines! Genug der Trägheit! Sie machen den Krieger zum Weibe. Faridun war Faridun, Kai Kubad war Kai Kubad. Ich bin Kai Kawus, und mein Sinn steht höher als der meiner Väter. Wer Schah ist, muß nach der ganzen Welt streben.«

Bei diesen Worten erblaßten die Großen des Reiches. Es gelüstete sie nicht danach, mit Dewen zu kämpfen. Doch keiner wagte zu sagen, was er dachte. Ja, einige riefen: »Herr, wir sind dir untertan. Dein Begehren ist unser Begehren.«

Kaum aber waren sie allein, sprach einer zum anderen: »Wenn Kai Kawus nicht wieder vergißt, wonach es ihn jetzt verlangt, da er betrunken ist, werden wir elend zugrunde gehen. Faridun, des Zaubers kundig, hütete sich vor diesem Land der Dewe. Selbst der schlangenschultrige Sohak hat nicht den Zug nach Masanderan gewagt.«

Doch sie wußten keinen Rat, Kai Kawus in seiner Verblendung und Gier zurückzuhalten. Und sie kamen überein, Destan Zal von dem Unheil zu benachrichtigen, das Iran drohte.

Der Bote hetzte fünf Laufkamele zu Tode, bis er Nimros erreichte. Den Sand der Wüste noch in den Kleidern, Staub im Gesicht, begab er sich zu Zal.

»O Sohn des Sam«, sprach er, »erfahre, daß die Sonne sich über unserm Land zu verfinstern droht. Ahriman hat über den Schah Gewalt gewonnen. Kawus genügt nicht, was Faridun, Manotschihr und Kai Kubad erworben haben. Er verlangt nach dem Thron von Masanderan, der den Dewen gehört. Es wird Krieg geben, und Iran wird zerstört werden.«

Bei diesen Worten erfaßte Destan Zal tiefer Schmerz. Das Laub der Bäume schien ihm plötzlich welk geworden.

»Kawus ist ein Tor«, sagte er. »Er will den Thron der Welt und vermag nicht einmal auf einem Schemel zu sitzen. Ich bin sicher, er wird mir zürnen und meine Warnung in den Wind schlagen. Dennoch darf ich den Herrscher nicht ohne Rat lassen. Folgt er ihm, werde ich Gott danken. Beharrt er auf seiner Unvernunft, schicke ich ihm Rustam mit einem Heer, um dem Schlimmsten vorzubeugen.«

Er begab sich auf die weite Reise zu Kawus und wurde von ihm freudig empfangen. Sie redeten beim Wein über dies und jenes, über Frauen und Sänger, Kampfspiele und Jagden, Ritter und Pferde, bis Zal die Gelegenheit günstig fand zu sagen, was ihn eigentlich bewegte.

»O erhabener Lenker dieser Welt«, begann er. »Ich habe gehört, du begehrst Masanderan. Schon vor dir haben große Könige gelebt. Viele Tage sah ich über mein Haupt kreisen. Der Himmel zeigte mir viele Gesichter. Masanderan ist ein Land der Dewe, durch Zauber bewacht. Schwert, Verstand und Schätze brechen die Riegel nicht auf. Pflanz nicht einen Baum aus Übermut und gieß ihn nicht mit dem Blut deines Volkes. Fluch wird auf seinen Blättern ruhen.«

Kawus ließ den treuen Mann reden, aber dessen Worte vermochten nicht, ihn umzustimmen. Er wähnte sich größer als alle Könige vor ihm und stark genug, den Zauber der Dewe zu brechen. Ja er spottete ihrer Tücke, meinte, Zal und Rustam sollten nur das Reich hüten, derweil er nach Masanderan zöge.

Destan Zal erkannte, daß der Schah toll war vor Machtgier und daß er sich der Vernunft verschloß. So sagte er nur: »Ich bin dein Knecht bis zum letzten Atemholen. Was du tust, es ziemt mir nicht, darüber zu richten. Doch höre noch eins. Es gibt drei Dinge, die selbst für den Schahinschah unmöglich sind: dem Tod die Faust aufbrechen, dem Schicksal die Augen zunähen, durch Fasten sich der Nahrung entwöhnen. Meine Worte können dich nicht erreichen. So vergiß meinen Rat. Möge der Tag dir immer hell sein.«

Destan Zal umarmte seine Freunde und kehrte betrübt nach Nimros zurück.

· II ·

Am nächsten Tag zog Kawus an der Spitze seines Heeres gegen das Land der Dewe und Zauberer. Am Berge Asprus schlug er sein Zelt auf. Es war ein Ort, der die Sonne nicht kannte. Sie ruhten einige Tage und fielen dann über die Stadt Masanderan her. Nicht das Kind fand Gnade, nicht der Greis, nicht das Weib. Sie wurden gemordet, die Gebäude in Brand gesteckt, die Gärten verwüstet, die Viehherden fortgetrieben. Einstmals ein Paradies, war Masanderan nun ein Ort des Todes.

Doch der Siegestaumel der Iraner währte nicht lange. In seiner Not schickte der König von Masanderan einen Boten zu Safid, dem mächtigsten der Dewe und ihm treu ergeben. Dieser streckte den Arm gegen den Himmel, und gleich einem Meer aus Schwefel und Pech senkte sich eine Wolke auf das trunkene Heer herab. Es regnete Steine, Pfeile und Speere. Zu Tode erschrocken stürzten die Iraner aus der Stadt. Als die Dunkelheit schwand, zeigte sich, daß nahezu das gesamte Heer der Eroberer blind war. Auch Kai Kawus. Es gab niemanden, der den Schah nicht verfluchte. Das Leid, das er über Masanderan gebracht hatte, traf ihn nun selbst. Die iranischen Krieger, bewacht von zwölf-

tausend Dewen, siechten dahin. Sie sahen nicht den Mond, nicht die Sonne, und Kawus weinte. Von Reue gequält, ließ er einen seiner Männer kommen, den die Blindheit nicht getroffen hatte, und hieß ihn sich zu Destan Zal durchschlagen. Die Dewe glaubten alle Iraner geblendet, fühlten sich sicher und vernachlässigten die Wachen. So gelang es dem Boten zu entkommen.

Als Destan Zal die Nachricht vom Elend des iranischen Heeres vernahm, zerriß er im Schmerz seine Kleider. Er rief Rustam zu sich und sagte: »Spiel und Feste stehen uns nicht mehr an. Kai Kawus ist blind und hilflos in den Händen der Dewe. Sein Heer ist gefangen, die Leute sterben. Ich selbst zähle weit über hundert Jahre. Es kommt dir zu, Iran zu retten. Sattle Raksch und hülle dich in ein Tigerfell. Nach Masanderan führen zwei Wege. Der kürzere ist voller Schrecken. Nimm ihn trotzdem. Gott möge dich beschützen.«

Zal segnete seinen Sohn, und Rodhabe küßte ihn unter Tränen.

Rustam und seine Eltern wußten nicht, ob sie einander je wiedersehen würden.

· III ·

Mochte die Sonne brennen oder Finsternis die Welt umhüllen, Rustam gönnte sich und Raksch keine Rast. Nach Tagen aber verspürte er großen Hunger. Und da er zu einem Tal gelangte, in dem wilde Esel weideten, warf er einem der Tiere den Fangstrick um den Hals und tötete es. Dann schlug er mit Pfeilspitzen Feuer, briet das Fleisch über der offenen Flamme, aß und warf die Knochen hinter sich. Er band Raksch los, ließ ihn am Fuße des Hügels grasen, während er selbst sich auf einem Schilfbett zum Schlaf hinlegte. Er wußte nicht, daß im Röhricht ein Löwe seine Stätte hatte. Nicht einmal ein Elefant wagte sich an diesen Ort. In der Nacht suchte der Löwe sein Lager auf. Er sah den Mann, dann das schnaubende Roß, erzitterte vor Wut und dachte: Reiße ich zuerst das Pferd, fällt mir der Schlafende leicht zu. Also stürzte er sich auf Raksch. Doch der bäumte sich wild auf, traf mit den Hufen den Kopf des Löwen, zerfleischte ihm mit scharfen Zähnen den Rücken, schleuderte das kräftige Tier zur Erde und zerstampfte es.

Rustam, durch den Lärm aufgeschreckt, sah mit Erstaunen den riesigen Löwen leblos im Gras liegen.

Tadelnd klopfte er den Hals des Pferdes und sagte: »Ich habe dich für klüger gehalten. Wer befahl dir, mit einem Löwen zu kämpfen? Hätte er dich erwürgt, wer sollte dann Panzer, Tigerfell, Bogen, Schlinge und Schwert nach Masanderan tragen? Es gibt kein besseres Pferd. Also halte dich künftig zurück. Schlafe ich und droht Gefahr, dann wecke mich.«

Er drückte das Gesicht gegen den Kopf des treuen Tieres und legte sich wieder auf sein Schilfbett.

Als die Sonne am Saum des Gebirges aufstieg, ritt er weiter.

· IV ·

Das Land war dürr, öde und ohne Wasser. In der Glut der Sonne starben die Vögel. Die Wüste schien ohne Ende. Raksch schlich mit hängendem Kopf müde dahin. Sein Atem war heiß und keuchend. Rustam stieg vom Pferd, stützte sich auf seinen Speer und taumelte wie betrunken. Ihm schien alles verloren. In seiner Not richtete er die Augen zum wolkenlosen Himmel und sprach: »Herr, du gibst der Welt alles Gute, doch mir schickst du Elend. Du willst Kawus strafen und läßt mich verdorren. Doch bedenke, auch die schuldig Gewordenen sind deine Kinder. Lehrst du uns Milde, dann gewähre du sie auch den Iranern.«

Ermattet, dem Tode nah sank er zu Boden.

Wie er so auf dem glühenden Sand lag, kaum eines Gedankens fähig, lief ein fetter Widder vorbei. Rustam war plötzlich hellwach.

»Wo ein Tier ist, springt eine Quelle«, rief er, faßte den Halfter seines Pferdes und folgte der Spur des Wildes. Nicht lange, da fand er eine Quelle, die ihn und Raksch erfrischte. Der Widder aber war verschwunden.

Rustam fiel auf die Knie, dankte dem Himmel ob dieses Wunders und sprach laut: »Dir, Widder, möge niemals etwas Böses widerfahren. Kein Leopard soll dich verfolgen. Wer dich jagt, dem breche der Bogen. Immer sei das Gras des Feldes dir grün und zart.«

Er nahm Raksch den Sattel ab, wusch das Tier im klaren Wasser, reinigte dann sich selbst, aß und trank und legte sich, auf solche Weise erquickt, zum Schlafe nieder. Zuvor jedoch ermahnte er Raksch, mit niemandem Streit zu suchen.

»Kämpfe du nicht mit Dewen und Löwen«, sagte er, »zeigt sich ein Feind, dann komm und wecke mich.«

· V ·

Die Nacht war dunkel wie die Tiefe des Meeres. Da schlich aus der Wüste ein Drache heran. Zuerst bemerkte er das Roß, dann den schlafenden Mann. Wütend wandte sich das riesige Tier gegen Raksch. Das Pferd gedachte der Mahnung seines Herrn, rannte zu Rustam, stampfte mit den Hufen und schlug wild mit dem Schweif. Rustam fuhr aus dem Schlaf hoch, griff nach Schwert und Keule und spähte angestrengt in die Wüste. Aber in der Finsternis vermochte er die Gefahr nicht zu erkennen. Er zürnte Raksch, daß dieser ihn geweckt hatte, streckte sich von neuem auf sein Lager und schlief schnell wieder ein.

Abermals kroch der Drache heran, und wieder trommelte

Raksch mit seinen Hufen gegen den Boden, daß sich die trockene Erde spaltete. Da Rustam auch diesmal nichts Bedrohliches ausmachen konnte, schrie er, blaß vor Wut, sein treues Tier an, er wolle ihm den Schädel einschlagen, wenn es nicht Ruhe gäbe.

Zum dritten Male legte er sich nieder. Wieder riß das Ungeheuer seinen Rachen auf und spie Feuer. Raksch wagte nicht, Rustam abermals zu wecken. Ihm schlug heftig das Herz, denn er fürchtete sich in gleichem Maße vor dem Drachen wie vor seinem Herrn. So floh er in die Wüste. Aber die Treue zu Rustam war größer als seine Angst. Er kehrte zurück, wieherte laut und trat die Erde, daß sie dampfte. Schon wollte der erzürnte Rustam auf Raksch einschlagen, da gewahrte er den Drachen. Noch ehe er sein Schwert heben konnte, umschlang ihn das Untier. Hätte Raksch dem Drachen nicht mit seinen Zähnen den Nacken zerfetzt, so wäre es Rustam nicht gelungen, sich aus den Fesseln zu befreien und dem Ungeheuer das Haupt vom Rumpf zu trennen. Das warme Blut des Drachen tränkte den Sand der Wüste.

Vom Kampf noch benommen, wusch Rustam sein treues Pferd und küßte ihm die Nüstern.

· VI ·

Drei Tage ritt Rustam in großer Hast, da gelangte er in das Land der Zauberer. Als die Sonne sank, erreichte er ein Tal, in dem es sich wohl ruhen ließ. Wie er sich nach einem schattigen Platz umschaute, erblickte er am Bach einen Becher, gefüllt mit Wein, rot wie Taubenblut, und auf einer Matte gebratenes Wild, Brot, Salz und gekochten Brei. Es dünkte ihm wie ein Traum. Er stieg ab, befreite Raksch vom Sattel, ließ ihn weiden und trank vom Wein. Neben der Matte fand er eine Leier. Er schlug ihre Saiten und sang:

»Bin ein ziehender Ritter, Rustam genannt,
ist die Wüste mein Garten,
ist der Felsen mein Haus,
sind die Freunde gefangen in der Dewe Land.«

Ihm war weh ums Herz, und doch war er auch wieder glücklich, eine so einladende Stätte gefunden zu haben.

Eine Zauberin hörte Rustams Gesang. Sie verwandelte sich in ein schönes Weib. Ihr Gesicht leuchtete wie der Mond, und ihr Haar duftete nach Ambra. Sie näherte sich Rustam und setzte sich an seine Seite. Dieser wußte nicht, wie ihm geschah. Er hob den Blick zum abendlichen Himmel und pries den Weltenschöpfer, daß er ihm in der Wüste Wein gab, wohlschmeckende Speisen und ein Weib zu Lust und Kurzweil. Aber kaum hatte er den Namen des obersten Herrn genannt, wurde das Antlitz des Weibes schwarz und ihr Leib krumm. Mit Entsetzen sah Rustam die Veränderung, nicht fähig, sich zu rühren. Doch dann sprang er beherzt auf und warf der Dewin die Fangschnur um den Hals.

»Was bist du?« rief er. »Zeig deine wahre Gestalt!«

Alsbald sah er in seinem Strick ein altes Weib gefangen — voller Runzeln und in giftigem Groll. Er stieß ihr den Dolch ins Herz, und aller Zauber ringsum verschwand.

Noch zur gleichen Stunde machte sich Rustam wieder auf den Weg.

· VII ·

Der Held kam in eine Gegend, wo er nichts mehr zu sehen vermochte. Er wußte nicht, ob es bergauf ging oder bergab. Ahriman schien die Sonne gefangen zu haben und den Mond gelöscht. Rustam ließ Raksch die Zügel. Das Tier fand den Pfad sicherer als er. Wie er den Weg verlor, so verlor er auch die Zeit. Da endlich blendete Roß und Reiter helles Tageslicht. Freundliches Land breitete sich vor ihnen aus. Quellen sprudelten, und die Erde schimmerte seiden von junger Saat. Rustam wollte hier ruhen. Er breitete das schwere Tigerfell aus, legte den schweißnassen Panzer zum Trocknen in die Sonne und schickte Raksch zum Grasen.

Kurz darauf kam der Hüter und sah das Pferd auf den bestellten Feldern. Wütend warf er dem Tier ein Holzscheit ans Bein. Raksch wieherte laut und bäumte sich vor Schmerz auf. Noch ehe Rustam begriff, was vor sich ging, stand der Feldhüter neben ihm und schrie: »Bist du des Teufels! Was läßt du deinen Gaul in die Saat gehen. Hast nicht gearbeitet und erntest.«

Rustam, erzürnt darüber, daß der Mann gewagt hatte, Raksch zu schlagen, auch nicht gewohnt, daß man in dieser Weise mit ihm sprach, packte den armen Menschen bei den Ohren und riß sie ihm ab. Der Feldhüter wußte nicht, wie ihm geschah. Er hob die Ohren auf und lief schreiend davon.

Über jenes Land herrschte ein junger Ritter. Er hieß Aulad. Der Feldhüter rannte zu ihm und rief: »Sieh, Herr, was ein Mann, umgetan mit einem Tigerfell, mit mir gemacht hat. Ich wollte nur sein Pferd aus der Saat treiben. Er ist ein Schelm, ein schwarzer Dew, ein Geselle Ahrimans.« Er schrie und fluchte und hörte die eigne Stimme nicht, denn seine Ohren hielt er in den Händen.

Aulad befand sich auf dem Weg zur Jagd. Als er seinen Diener jedoch so jämmerlich zugerichtet sah, wandte er das Pferd und ritt mit seinem Gefolge zu jener Stelle, wo der Fremde ruhte.

Beim Anblick der Reiter schwang Rustam sich auf Raksch und zog das Schwert. Aulad beschimpfte den Eindringling, forderte ihn auf, seinen Namen zu nennen, und pries sich selbst und seine Kraft. Rustam nannte sich eine Donnerwolke, einen, der Lanzen regnen läßt und Drachen das Haupt spaltet. Wer gegen ihn die Keule hebe, tue gut daran, zuvor sein Leichentuch nähen zu lassen. Er brüllte, was bei derlei Gelegenheiten eben gebrüllt wurde. Es ging noch eine Weile hin und her. Zuletzt stürzte sich Rustam auf Aulad und seine Leute. Schlug er einmal zu, fielen zwei Häupter. Gleich einem Teppich deckten die Toten die Saat. Aulad ließ er leben, band ihm nur die Hände und sprach: »Ich mache dich zum Herrscher über Masanderan, wenn du mich zu Safid führst, jenem Dew, der Kai Kawus geblendet hat. Doch hüte dich, mich zu täuschen.«

Aulad schmerzten alle Knochen. Das Seil schnitt ihm in die Handgelenke. Er dachte nicht an Thron und Lüge, er dachte an sein Leben.

»Falschheit liegt mir fern«, rief er. »Du bist mein Herr, ich bin dein Knecht. Du willst zu Kawus. Der Weg von hier zu ihm ist hundert Farasangen weit. In eurem Lande sagt ihr Meilen. Und noch einmal hundert Farasangen sind es von Kawus bis zu Safid. Ich muß dich warnen. Kein Mensch hat diesen Ort bisher lebend erreicht. Zwischen zwei gewaltigen Bergen dehnt sich ein Abgrund. Kein Adler wagt ihn zu überfliegen. Zwölftausend Dewe wachen Tag und Nacht auf den Bergen. Safid, selbst ein Fels, zehn Klafter hoch, ist ihr Herr. Ich glaube nicht, daß du ihn besiegen kannst. Dein Fuß findet in den Bergen nirgends Halt. Sogar Gemsen haben Mühe, dort die Gipfel zu erklimmen. Dann mußt du über einen reißenden Strom, zwei Farasangen breit. Hast du den überwunden, stellt sich dir eine Burg in den Weg. Das Land ist voller Dewe. Sie schlagen, wen sie treffen. Du bist ein Mensch, doch wärst du auch aus Erz, es würde dir nichts nützen.«

Rustam lachte. Aulad schien ihm gar zu ängstlich. Sie ritten Tage und Nächte. Mochte Aulad müde sein, mochte er erschöpft vom Pferd fallen, Rustam befahl ihm, wieder aufzusteigen. Er gab nicht Ruhe, bis sie den Berg Asprus erreichten, wo Kawus mit seinem Heer den Dewen unterlegen war.

Nachts hörte man im Tal Trommeln schlagen. Feuer loderten auf. Rustam wollte wissen, was das zu bedeuten habe, und Aulad erwiderte, daß unter ihnen Masanderan liege. Sicher sei dort der Dew Arschang, der trommle und gröle immer so. Rustam band Aulad an einen Baum. Dann legte er sich schlafen. Beim Morgengrauen ritt er allein auf die Stadt zu.

· VIII ·

Rustams Helm leuchtete weithin. Sein Tigerfell war schweißdurchnäßt. So gelangte er in das Heerlager der Dewe. Er stieß einen Schrei aus, daß jeder glaubte, die Berge bersten und das Meer stürze auf ihn. Arschang sprang aus dem Zelt. Doch Rustam ließ ihm keine Zeit, die Keule zu heben. Er packte ihn bei den Haaren und spaltete ihm mit einem Hieb den Nacken. Arschangs Leute flohen voller Grauen. Der Vater lief dem Sohn voraus, der Schwache dem Starken. Rustam verfolgte die Dewe durch Schluchten und Felsspalte. Am Abend kehrte er keuchend zum Asprus zurück. Er band Aulad los und setzte sich mit ihm unter einen Baum. Als er sich wieder frisch fühlte, befahl er Aulad, ihn zu Kawus zu führen.

Kai Kawus, blind und durch Hunger geschwächt, hatte schon alle Hoffnung auf Rettung verloren. Da hörte er Raksch wiehern. Er hieß seine Männer schweigen, denn Hilfe nahe. Doch die Iraner meinten, dem Schah hätten sich durch die Gefangenschaft die Sinne verwirrt.

Die Kleider zerrissen, die Gesichter grau, der Blick leer, so kauerten sie auf der Erde. Ob Fürst, ob Knecht, nichts schied den einen vom anderen. Sie stolperten tastend umher oder stierten stumpf vor sich hin. Rustam weinte beim Anblick des einst so stolzen Heeres. Kaum daß er unter den Elenden den Schah herausfand. Als er ihn erkannte, lief er auf ihn zu, berührte mit der Stirn den Staub und sprach: »Ich bin gekommen, mein König, dir die Freiheit zu bringen und, so unser aller Herr will, das Licht der Sonne und die Kraft des Löwen.«

Kai Kawus streckte suchend die Arme nach Rustam aus, zog ihn an sich, umarmte und küßte ihn.

»Mein Freund«, sagte er, seine Stimme war kaum zu hören, »ich behielte dich gern bei uns, doch die Zeit flieht. Arschangs Boten sind schon auf dem Weg zu Safid, dem mächtigsten der Dewe. Du siehst an uns, was er vermag. Sei schneller als der Wind der Wüste. Findet Safid Zeit, seine Dewe zusammenzurufen, kannst du nichts gegen ihn ausrichten. Du mußt sieben Berge überwinden. Jeder ist bewacht. Ist es dir gelungen, kommst du zu einer furchtbaren Höhle. Dort wohnt Safid. Tötest du ihn — der Himmel steh dir bei —, wird sich für uns alles zum Guten wenden. Das Heer der Iraner ist blind, auch mich umgibt Finsternis. Aber, so lehrte mich ein Mobad, fließen drei Tropfen von Safids Blut in meine Augen, scheint mir wieder der Mond, ich sehe das Leuchten der Wüste, den Schaum des Meeres, den Schimmer der Saat.«

Als Rustam davonritt, horchten die Iraner dem Hufschlag seines Pferdes nach. Jeder hoffte, die Sterne mögen ihm günstig stehen.

· IX ·

Rustam kam zu den sieben Bergen. Er kam zu der Höhle, die ohne Grund war, und er sah die Dewe ringsum.

»Du hast mich bisher nicht belogen«, sagte er zu Aulad, »rate mir auch jetzt. Was soll ich tun?«

»Brennt die Sonne heiß auf die Dewe herab, fallen sie in Schlaf«, entgegnete Aulad. »Warte also, bis die Zeit gekommen ist.«

Rustam verbarg sich hinter einem Felsen, und als mittags die Sonne auf die Steine brannte, daß sie zu glühen schienen, stürzte er sich auf die schlafenden Dewe und tötete sie, bevor einer nach der Keule greifen konnte. So war der Weg frei zur finsteren Höhle, wo Safid hauste. Vom Licht noch geblendet, vermochte Rustam in der Dunkelheit nichts zu erkennen. Kalter Atem schlug ihm entgegen, und ihn fror. Er drang tiefer in den Berg und rieb sich die Augen. Schließlich gewahrte er einen Fels, der den ganzen Raum ausfüllte. Während er noch nachsann, wie er ihn umgehen könnte, gewöhnten sich seine Augen an die Finsternis, und Rustam sah, daß der Fels kein Fels war, sondern der gewaltige Leib Safids. Sein Antlitz war schwarz, und von seinem Haupt fiel das Haar wie die Mähne eines Löwen. Safid schlief, und doch zögerte Rustam, auf ihn einzuschlagen. Zum erstenmal befiel ihn Angst. Doch dann sah er den toten Blick seines Schahs, die tastenden Hände, die hungernden Freunde, und voller Haß fiel er über Safid her. Er brüllte dabei wie ein Tiger. Sein Schrei hallte hundertfach von den Wänden wider. Safid erwachte, erkannte die Gefahr, griff nach einem Felsblock und schleuderte ihn gegen den Angreifer. Im gleichen Augenblick stolperte der und fiel aufs Gesicht. Es war sein Glück, der Stein hätte ihn zermalmt. Rustam sprang auf, und mit einem mächtigen Hieb seines Schwertes schlug er dem Riesen Schenkel und Fuß ab. Safids Schmerzensschreie machten Rustams Ohr taub. Nicht Schwert galt mehr, nicht Lanze, nicht Keule. Leib an Leib gepreßt, rangen beide miteinander, daß die Höhle erbebte. Sie rissen einander Haut und Fleisch vom Körper. Schlug Safid seine Zähne in Rustams Nacken, so biß dieser ihn in Schulter und Hals. Der Boden unter ihnen verwandelte sich in blutigen Lehm.

Wenn ich heute mit dem Leben davonkomme, dachte Rustam, dann lebe ich ewig.

Und Safid dachte: Ahriman hat mich verlassen.

Sicher wäre Rustam unterlegen, hätte Safid zwei Schenkel und zwei Füße gehabt. Doch aus seinen Wunden floß das Blut, und er wurde schwach. Rustam merkte es. Er nahm seine ganze Kraft zusammen, packte Safid, hob ihn empor und schleuderte ihn auf den felsigen Boden, daß dem Unhold das Leben ausging. Dann schnitt er ihm die Leber aus dem Leib.

Er taumelte aus der Höhle, und als er die Sonne sah, fiel er auf die Knie. Rustam war dem Tod begegnet, jetzt schien ihm das Leben doppelt wert. Er ging zu Aulad, den er wieder an einen Baum gebunden hatte, löste seine Fesseln und sagte: »Du bist frei. Willst du mit mir gehen, dann komm. Begehrst du deinen eigenen Weg, dann geh.« Ohne auf eine Antwort zu warten, kehrte er sich ab, reinigte sich an einer Quelle und machte sich auf den Weg zu Kai Kawus. Aulad folgte ihm.

In Masanderan angekommen, träufelte Rustam Safids Blut in die Augen des Schahs, und alsgleich schien diesem wieder der Tag. Rustam ging zu jedem, der blind war, und heilte ihn von dem schrecklichen Zauber.

Sieben Tage hindurch wurde getrunken, gelacht, gescherzt und Fleisch am Spieß gebraten. Viele kamen, um Rustams Panzer zu berühren. Auch er gab sich fröhlich. Aber war er allein, so glaubte er sich in der finsteren Höhle, umschlungen von Safid, und nachts schreckte er aus dem Schlaf.

· X ·

Kai Kawus gelüstete es nach Rache. Seine Leute sollten ausschwärmen, rauben, Feuer legen und töten. Rustam jedoch riet zur Vernunft.

»Es ist genug Unheil geschehen«, sagte er. »Mord gebiert Mord. Schick einen Mann zum Schah von Masanderan, es möge Frieden sein.«

So geschah es.

Der Bote verlas den Brief, den Kai Kawus kunstvoll auf Seide hatte malen lassen. Der Masanderaner hörte die Nachricht nicht ohne Wohlwollen. Es sei an der Zeit, über das Schicksal der Völker nachzudenken, hieß es. Böses ersinne Böses. Gerechtigkeit und Vernunft sollten fernerhin das Handeln der Könige bestimmen.

Das hörte sich gut an, gab neue Hoffnung, denn

Arschang und Safid waren tot, das Heer der Dewe war vernichtet, die Hauptstadt des Landes geraubt.

Aber der Bote las weiter: »Wenn du das Geschehene als geschehen nimmst, so rat ich dir, sei klug und entrichte mir als Vasall den Zins.«

Es fehlte nicht viel, der Bote hätte die Botschaft mit dem Leben büßen müssen.

Drei Tage ließ sich der Schah von Masanderan nicht blicken. Bald klagte er um seine Helden, bald raste er im Zorn. Zuletzt beschied er den Iraner zu sich und sagte: »Lauf zu deinem König. Er hat den Geist eines Toren. Mein Thron ist erhabner als seiner. Ich werde Kawus mit Kriegern und Elefanten aus süßen Träumen wecken, sein Land mit Staub einhüllen, daß man nicht Höhe noch Tiefe erkennt.«

Der Bote eilte zurück, froh, mit heiler Haut davongekommen zu sein.

Stürzt ein Stein, rollt ein zweiter in die Tiefe. Drohen die Mächtigen einander, wächst Unheil. Am Ende weiß niemand mehr, wie es angefangen hat.

Kai Kawus schrieb einen zweiten Brief: »Tu wie ein Sklave, was ich dir befehle. Gehorche, sonst werfe ich dein Hirn den Geiern zum Fraß hin.«

Keiner wagte es, dem Schah von Masanderan eine solche Botschaft zu bringen. So blieb nur Rustam. Er hieß nicht gut, was Kawus tat. Doch dieser war der Herr, und Gehorsam galt, auch wenn die Klugheit sich dagegen wehrte.

Als der König Masanderans erfuhr, daß abermals ein Bote der Iraner zu ihm auf dem Weg sei, schickte er ihm eine Schar Reiter entgegen. Rustam hatte gegen Arschang und Safid gekämpft, diese Männer konnten ihn nicht schrecken. Er riß einen starken Baum samt der Wurzel aus und schleuderte ihn mitten unter die Masanderaner. Mehrere von ihnen stürzten zu Boden.

Diesen freundlichen Gruß galt es zu erwidern. Der

kräftigste der Männer trat vor, faßte zum Willkommen Rustams Hand und drückte sie, daß jedem anderen die Lust vergangen wäre, noch weitere Herzlichkeiten zu empfangen. Rustams Finger färbten sich blau wie Indigo, aber er neigte höflich das Haupt. Dann gab er den Druck zurück. Dem Masanderaner schossen die Nägel von den Fingern, und der Arm verdorrte.

Das alles wurde dem Schah gemeldet, und er fand, es sei angebrachter, Rustam zum Freund zu haben als zum Feind. So empfing er ihn freundlich, nahm den Brief entgegen, unterdrückte seinen Zorn und sagte: »Was hast du von Kai Kawus? Einmal ist sein Auge blind, ein andermal sein Geist. Ich mache dich neben mir zum Größten von Masanderan. Kein Land auf der Welt ist schöner und reicher. Gibt dir Kawus eins, gebe ich dir hundert.«

War Rustam bisher erzürnt gewesen über die Machtgier und Unvernunft seines Herrschers, so galt jetzt aller Groll dem Schah Masanderans, der zu ihm wie Ahriman redete: »Alle Schätze der Welt geb ich dir, wenn du mir dienst.« Der König möge schweigen, rief er, sonst wolle er ihm die Zunge aus dem Mund reißen. Dieser, seinerseits erbost, schrie nach dem Scharfrichter. Dem Raufbold, der sich Rustam nennt, Destan Zals Sohn, schrie er, solle der Kopf vor die Füße gelegt werden, sogleich und hier im Saal. Doch Rustam packte den Scharfrichter bei einem Fuß, trat auf den anderen und riß den armen Mann mitten entzwei. Alle waren vor Schrecken bleich. Um den erbosten Iraner zu versöhnen, befahl der Schah, eine Karawane mit Geschenken auszurüsten. Er ließ für ihn die schönsten Sklavinnen seines Frauengemachs schmücken. Doch Rustam ritt ohne Gruß davon.

Eine Woche, heißt es, schlugen sich die Heere. Es wurde gestochen, geschrien, gehauen und gebetet. Wer soeben noch triumphierte, war zur selben Stunde tot. Am Ende siegten die Iraner, das heißt, die Schlacht entschied der tapfere Rustam. Es ging dabei sehr seltsam zu. Der König von Masanderan, ein Mann des Schwertes und als Dew des Zaubers kundig, verstand sein Heer zu führen. Kai Kawus glaubte schon die Schlacht verloren. Da stellte sich Rustam dem Feind. Doch als er die Keule hob, verwandelte sich Masanderans König in einen Felsblock. Sosehr Rustam auch auf ihn einschlug, es splitterte nicht ein Steinchen aus dem Fels. Da umfaßte Rustam den gewaltigen Stein, schleppte ihn durch Steppen und Täler bis vor das Zelt von Kai Kawus. Dort schleuderte er ihn zu Boden, so daß er zerbrach.

Noch heute liegt der Felsen dort, und Sand und Sonne, Glut und Kälte zernagen ihn.

Aulad wurde, wie ihm zugesagt, der neue König von Masanderan. Rustam aber kehrte reich beschenkt nach Nimros zurück: hundert Rosse, hundert Dromedare, hundert Sklavinnen, eine Türkiskrone mit Widderköpfen, ein Anzug aus Königsbrokat, hundert Beutel Goldstücke.

Der eine Krieg ging hin, doch andre Kriege kamen.

Fünftes Buch

Kai Kawus nimmt Sudabe zur Frau,
wird von Rustam aus einer Felsburg gerettet
und will in den Himmel fliegen

· I ·

Für Kawus gilt das Wort: Geht's aufwärts, geht es wieder abwärts. Die Araber erhoben sich. Er zog nach Hamaweran, um den Aufstand niederzuschlagen. Es war kein schwerer Gang. Er bedurfte dazu nicht einmal Rustams. Schon rüstete Kawus — der Sieg war ausgiebig gefeiert —

zur Heimkehr, da hörte er von Sudabe reden, der Tochter des Königs von Hamaweran. Ihre Zunge, hieß es, sei ein Dolch, ihre Lippe Kandel, ihr Leib das Paradies. Schmeichler sprachen zu Kawus: »Dieses Mädchen kommt nur einem zu, dir, o König der Könige.« Und Kawus fand, daß Sonne und Mond sich vermählen müßten. Er ließ den König von Hamaweran wissen, wonach ihn gelüste und daß er, der Vasall, sich glücklich schätzen könne über ein solches Angebot. Dieser fühlte sich jedoch doppelt gedemütigt: Kai Kawus hatte ihm die Krone geraubt, nun stahl er ihm noch die Tochter.

Sudabe empfand keineswegs den gleichen Unwillen wie ihr Vater.

»Warum soll ich weinen«, sagte sie, »Kai Kawus ist Herr über ein gewaltiges Reich. Er kann geben und nehmen, was ihm gefällt.«

Sie war jung, und es schmeichelte ihr, daß der Schah um sie warb.

Schweren Herzens schickte der König von Hamaweran Kai Kawus seine Tochter. Er gab ihr dreihundert Mägde mit, tausend Rosse, das Doppelte an Mauleseln und Kamelen, Gold, Edelsteine, dazu dreißig Sänften, geschmückt mit indischen Stoffen und chinesischen Teppichen. Insgeheim aber sann Sudabes Vater auf Rache.

Eine Zeit verging. Kawus genoß die Schönheit des jungen Weibes, da erschien ein Bote und lud ihn ein, nach Hamaweran zu kommen, der König würde sich glücklich schätzen, ihn seinen Gast zu heißen.

Sudabe kannte ihren Vater. Sie zweifelte nicht, daß Kai Kawus in eine Falle gelockt werden sollte. Ihr war die Pracht am Hofe des iranischen Schahs angenehm: die glitzernden Gemächer, die große Schar der Sklavinnen, die Ergebenheit der Ritter, die Feste, die Zuneigung ihres Mannes. Dagegen war Hamaweran das ärmliche Nest eines Vogels, in das sie nicht zurück wollte. So warnte sie Kawus, ja flehte ihn an, der Einladung nicht zu folgen, es würde ihm Schlimmes widerfahren. Doch Kai Kawus lachte, schalt Sudabe ängstlich. Der König von Hamaweran sei nicht der Mann, ihn zu schrecken, meinte er, wer in Masanderan gefochten habe, fürchte weder List noch Schwert. Er war so eitel, daß er das Wasser unterm Stroh nicht sah.

Der Empfang in Hamaweran konnte glanzvoller nicht sein. Man rief Kai Kawus' Namen, schrie Heil und Preis und was so üblich ist zu schrein, dem Volke aufgegeben, dem hohen Gast zu huldigen. Kamel und Roß und Esel waren aufgeboten, am Weg zu stehen wie die Menschen. Die Arbeit ruhte. Wein und Sklavinnen und gutes Essen lullten Kawus ein. So ging es eine Woche. Doch in der achten Nacht, der Schah taumelte betrunken zu seinem Bett, ließ ihn der König von Hamaweran greifen und in Ketten werfen. Den anderen Iranern erging es ebenso. Man schleppte sie zu einem Berg, wo auf steilem Felsen eine Burg stand. Tausend Ritter wachten Tag und Nacht über die Gefangenen.

Als die Nachricht vom Unglück ihres Mannes zu Sudabe gelangte, zerriß sie ihre Kleider, zerkratzte sich die Wangen, schalt die Mägde Hündinnen, den Vater Teufel, wies alle Gunst ab, die ihr der König geben wollte. Sie schrie nach dem Tod. Einen solchen Ausbruch seiner Tochter hatte der Fürst nicht erwartet. Das Blut schoß ihm in die Leber. Er ließ Sudabe auf die Burg bringen und zu ihrem Mann sperren. Sie pflegte Kai Kawus und war ihm in finsteren Stunden Trost.

· II ·

Es kam, wie es kommen mußte. Während Kai Kawus in Hamaweran gefangengehalten wurde, erhoben sich aufs neue die Araber, und die Turaner überschritten den Dscheihun. Iran wurde zum Tummelplatz von Räubern und Dieben. Wenn einer Rettung bringen konnte, war es

Rustam. Und obwohl er sich nach Frieden sehnte, scharte er die Ritter von Sabul, Kabul und Hindustan um sich und brach auf, Kai Kawus zu befreien.

Die Zeit drängte, und der Weg durch die Wüste war weit. So ließ Rustam seine Leute Schiffe besteigen und näherte sich Hamaweran von der Meeresseite. Als seine Krieger jedoch an Land stürmten, sahen sie sich nicht nur den Hamaweranern gegenüber, sondern auch den Berbern und Miseranern.

Rustam fürchtete sich nicht vor dem Dreikönigsheer, doch bangte er um das Leben der Gefangenen. Er sandte einen Boten zu Kai Kawus, ihn zu fragen, ob er nicht zuerst die Burg einnehmen solle, statt sich auf ein langwieriges Gefecht einzulassen. Neige sich der Sieg auf die Seite der Iraner, gab er zu bedenken, würden die Wachen den Schah ermorden, oder die drei Könige würden ihn, Rustam, beim Leben seines Herrn zwingen, sich zurückzuziehen.

»Was nützt uns Hamaweran, wenn Irans Thron verwaist«, ließ Rustam den Boten sagen.

Doch Kawus, unfähig, Erfolg gelassen zu ertragen, in der Not zeigte er Größe. Er befahl, die Feinde anzugreifen, ohne Rücksicht auf Leben oder Tod des Herrschers von Iran.

»Die Erde ist nicht für mich gemacht«, gab er Rustam zu wissen. Es war ein gutes Wort und eines Königs würdig.

Die Berge hallten wider. Dem Löwen zitterte das Herz. Der Adler ließ die Federn fallen. Die Wolke am Himmel schmolz. Dornen brachen unter den Leibern der Sterbenden. Der König von Hamaweran sah seine Leute erschlagen, und um das eigene Leben zu retten, versprach er, Irans Schah freizugeben und ihm allzeit treu zu dienen.

So war die alte Ordnung wiederhergestellt, denn auch Afrasiab hielt nicht stand. Verfolgt von Rustam, floh er über den Dscheihun nach Turan. Nun hätte es genug sein müssen mit Kawus' Torheiten. Doch es folgte eine dritte.

· III ·

Acht Jahre mochten vergangen sein oder dreißig. Die Iraner lebten in Frieden. Die Ernte war reich. Kai Kawus suchte auf dem Berge Alburs einen Platz aus, der ihm zum Wohnen geeignet erschien. Er zwang die unterworfenen Dewe, für seine Pferde einen Stall in den Felsen zu schlagen. Für ihn mußten sie einen Palast aus reinem Kristall, für seine Mobaden ein Haus aus Muscheln errichten. Die Waffen lagerten in einem Verlies aus Silber. Mehr konnte die Erde Kawus nicht bieten, es gab auf der Welt keinen freundlicheren Ort. Aber in seinem Übermaß verlangte er nach dem Himmel. Die Dewe stöhnten unter der Schwere der Arbeit und der Last der Sklaverei.

Eines Tages rief einer der Ihren, er hieß Iblis, die Geknechteten zusammen und sprach: »Während Kawus sich an der Sonne erfreut, müssen wir uns von ihr verbrennen lassen. Während er trinkt, müssen wir dürsten. Während er praßt, müssen wir Steine schlagen. Es ist an der Zeit, unsere Qual zu beenden. Kawus ist ein Narr. Hat er eins, will er hundert. Ich werde ihm eine Falle stellen, und ich wette meinen Kopf, er geht hinein.«

Als Kai Kawus zur Jagd rüstete, verwandelte sich Iblis in einen schönen Jüngling, trat zum Schah, küßte den Staub und hub an, ihn zu preisen: »Allmächtiger, alles auf dieser Erde ist dein. Niemand gleicht dir an Weisheit und Macht. Dir steht es an, auch Sonne, Mond und Sternen zu gebieten. Verzicht und Bescheidenheit sind Felsblöcke an deinen Füßen. Nimmst du nicht den Himmel ein, werden es die Dewe tun und dich von dorther verspotten.«

Seit Iblis auf solche Weise zu ihm gesprochen hatte, fand Kawus keine Ruhe mehr. Er fragte die Mobaden, wie weit der Weg zum Mond sei, und grübelte, was zu tun wäre, den Himmel zu besitzen. Er schickte Knechte aus, befahl ihnen, Berge und Felsen zu ersteigen und aus den Nestern der Adler so viele Junge in den Palast zu bringen, wie sie nur

einfangen könnten. Er ließ die Vögel in Käfige sperren, fütterte sie eigenhändig mit Hühnern und Lammfleisch, und als sie ihm kräftig genug schienen, gab er allen kund, daß er nun in den Himmel fliegen wolle. Kawus befahl, aus Aloeholz ein Gestell zu bauen, die Planken mit Goldblech zu beschlagen, an den vier Seiten jeweils einen Pfahl anzubringen und an ihre Spitzen Lammschenkel zu hängen. Er suchte die vier kräftigsten Adler aus, band sie mit starken Stricken an die Pfähle, hieß seine Leute einen goldenen Thron bringen, versorgte sich mit Wein, Rehkeulen, Fasanen und anderen guten Speisen und ließ es sich auf dem Brettergestell wohl ergehen. Als die Adler hungrig wurden, flogen sie auf, um die Lammkeulen zu greifen, konnten sie jedoch nicht erreichen, denn die Stricke waren dafür zu kurz. So flogen sie und flogen, und Kai Kawus stieg, den Becher schwenkend, in den Himmel auf.

Es wird behauptet, er hätte auch Schwert und Keule mit sich geführt, um gegen die Wächter des Paradieses zu streiten. Vielleicht sind solche Reden übertrieben. Feststeht, die Adler wurden müde. Im Wald von Tschin setzten sie sich nieder, Kawus hing zerzaust in einem Baum. Es kommt einem Wunder gleich, daß sich der törichte Mann nicht das Genick brach. Hals und Gesicht waren zerschunden, die Knochen gestaucht. Sonst blieb der König heil.

Rustam und andere Ritter hatten Kai Kawus gewarnt, aber nicht vermocht, ihn zurückzuhalten. Kaum daß er ihren Blicken entschwunden war, machten sie sich auf, den Schah zu suchen. Sie wußten, wie ein solcher Flug enden würde. Nach einigen Tagen fanden sie Kai Kawus. Sie begegneten ihm mit Zorn und Spott, nannten ihn einen Mann ohne Hirn, dem das Narrenhaus weit eher anstünde als der Palast. Er wäre ein rechter Affe, so sagten sie. Wenngleich man derart nicht zu einem Weltgebieter spricht, nahm Kawus es doch hin, froh, ins weiche Bett zurückgebracht zu werden. Und außerdem, es war ihm peinlich, so elendiglich an einem Ast zu hängen.

Sechstes Buch

Rustam heiratet heimlich die Turanerin Tachmime,
zeugt mit ihr Suhrab
und tötet den eigenen Sohn

· I ·

Kai Kawus schloß sich viele Wochen in seinem Palaste ein. Es heißt, er betete, bereute seinen Frevel. Mag sein, daß diese Einkehr ihn abhielt, sich dem Volk zu zeigen. Doch war Kawus auch oftmals töricht, ein Dummkopf war er nicht. Er wußte, daß ganz Iran lachte. So war es klug von ihm, sich zu verbergen und die Zeit hingehen zu lassen. Jedes Feuer, legt man nicht Holz auf, verlöscht. Wer heftig lacht, lacht nicht lange. Kawus kannte diese Sprüche, verhielt sich still und tat gut daran.

Rustam hingegen lebte laut. Er genoß den Frieden, den Reichtum, die Liebe, die Freundschaft und verfiel dem Leichtsinn. Das eigene Jagdrevier genügte ihm nicht mehr. Eines Morgens schwang er sich auf Raksch und ritt allein über die Grenze. Nahe der Stadt Semangan erblickte er eine Herde wilder Esel. Ihm lachte das Herz, und er erlegte viele Tiere. Gegen Abend entfachte Rustam ein Feuer, schnitt einen Baumstamm als Spieß zurecht, steckte einen Esel darauf und ließ das Fett des Wildes in die Glut tropfen. Nachdem er reichlich gegessen und getrunken hatte, legte er sich zum Schlafen nieder, indes Raksch weidete.

Nicht lange, da näherte sich diesem Ort eine Schar Turaner. Sie sahen das schöne Pferd, und es gelüstete sie, das Roß zu besitzen. Raksch wehrte sich, biß einem Turaner den Kopf ab, erschlug zwei mit seinen Hufen, erlag aber zuletzt der Vielzahl der Diebe. Sie zerrten das schnaubende Tier zur Stadt und fanden, es war ein guter Fang.

Als Rustam aus tiefem Schlaf erwachte, suchte er vergeblich nach seinem Pferd. Er sah den Boden aufgewühlt, fand aber sonst keine Spur. Grimmig nahm er Schwert, Keule, Köcher und warf sich das Tigerfell über die Schulter. Der Weg nach Semangan war beschwerlich, und Irans großer Held bot keinen stolzen Anblick, wie er sich so in seiner Rüstung dahinschleppte. Aber was half's.

Alle Welt kannte Rustam. So erhielt der König von Semangan auch bald Nachricht, wer da auf die Stadt zuhinkte. Der König wagte nicht, sich einem Mann entgegenzustellen, vor dem selbst Afrasiab, nunmehr der Herrscher über Turan, geflohen war. Er hielt es für angebracht, Rustam in Demut zu begrüßen, wenn dieser auch eher einem kranken Löwen glich als einem strahlenden Pahlawan.

»Ei«, rief er und breitete die Arme aus, »welche Räuber haben dich so zugerichtet! Nenn mir ihre Namen, und ich will dir ihre Häupter zu Füßen legen. Nimm mich und die Stadt als deine Freunde.«

Rustam war froh, so vom König empfangen zu werden. Er war müde vom Laufen, und ohne Raksch zählte er im Kampf nur halb.

»Männer aus deiner Stadt haben mir das Pferd gestohlen«, gab er zur Antwort. »Schaff mir Raksch herbei und spute dich, wenn du Semangan behalten willst.«

Ton und Worte erschreckten den König. Rustams Ruhm galt mehr als sein Aussehen.

»Ist dein Pferd hier«, entgegnete der König, »wird es bald gefunden sein. Laß uns inzwischen die Zeit beim Wein verbringen. Die Schlange fängst du nicht mit Hast.«

Er befahl den Köchen aufzutragen, was Küche und Keller boten. Spielleute wurden gerufen und schwarzäugige Frauen. Auf solche Weise bewirtet, verflog Rustams Zorn rasch. Der Wein berauschte ihn, die Musik klang lieblich in seinem Ohr, die Frauen brachten ihm manche Freude. Erst spät vertauschte er den Zechtisch mit dem Bett.

· II ·

Die Sterne standen noch hell am Himmel, da wurde Rustam auf ungewöhnliche Art geweckt. Im Schein von Kerzen sah er ein Mädchen vor seinem Bett. Ihr Gesicht war nicht verschleiert, und Rustam war vom Liebreiz der Unbekannten benommen. Er wollte wissen, was das zu bedeuten habe, und fragte wohl zu laut, denn er erhielt zur Antwort, er möge nicht gleich das ganze Schloß wecken. Vor ihm stehe Tachmime, des Königs Tochter. Kein Mann habe bisher ihre Stimme gehört und sie entschleiert gesehen. Er, Rustam, sei es, dem sie angehören wolle, keinem sonst. Sie habe viel Wundersames über ihn vernommen: Er schlage Leoparden und Dewe; die Luft seufze, wenn er das Schwert schwinge; seine Keule spalte Felsen; er verspeise sogar ganz allein einen Esel. Vor Verlangen nach ihm habe sie sich schon oft die Lippen wund gebissen. Die Liebe raube ihr die Vernunft. Nun sei er hier. Sie wünsche sich nichts sehnlicher, als von ihm einen Sohn zu gebären. Zum Dank wolle sie ihm Raksch zurückbringen.

Nicht nur Rustam wäre den Worten eines so lieblichen Mädchens erlegen. Zudem war er froh, daß er sein Pferd wiederhaben sollte. Zur selben Stunde ließ er den König von Semangan wecken und begehrte von ihm die Tochter zur Frau. Noch voll des Weins, begriff der schnell, was ihm hier unverhofft geboten wurde. Was Krone, was königlicher Gürtel, im Hemde stürzte er auf Rustam zu und gab ihm seinen Segen und küßte ihn, die Tochter ganz vergessend.

Die Zeit, die Rustam bleiben durfte, war kurz. Er wünschte, Mond und Sonne möchten langsam kreisen, der Morgenstern den Tag verschlafen. Als Tachmime ein letztes Mal neben ihm lag, schmückte Rustam sie mit einem Onyx.

»Bewahre diesen Stein auf«, sagte er, »wie ich die Liebe zu dir in meinem Herzen aufbewahre. Bringst du eine Tochter zur Welt, so hefte ihn in ihr Haar, daß er sie vor

Unheil bewahre. Gebierst du einen Sohn, binde ihm den Stein um den Arm, daß er ihm Kraft gebe.«

Am Morgen küßte er Mund und Augen seines Weibes, schwang sich auf Raksch und ritt der iranischen Grenze entgegen. Er wandte sich nicht mehr um. Am Burgtor stand Tachmime und weinte.

Als der Mond neunmal seinen Kreis gezogen hatte, gebar die Frau einen Knaben. Und da er freundlich in den Tag schaute, nie weinte, hieß man ihn Suhrab.

· III ·

Zehn Jahre vergingen. Suhrab wuchs heran, war gesund und schön und stark. In den Kampfspielen warf er jeden Ritter vom Pferd, der gegen ihn anritt. Sah Tachmime den Knaben, erfüllten sie Freude und Schmerz. Sie sehnte sich nach Rustam. Manchmal, wenn sie sich allein wähnte, rief sie laut seinen Namen.

Alle wußte ihren Vater zu nennen, nur Suhrab nicht. Eines Tages spottete einer seiner Gespielen, wer anders als Ahriman könne sein Vater sein. Für diesen Scherz hätte er fast mit dem Leben büßen müssen. Vor Suhrabs Zorn konnte er sich nur durch einen Sprung aus dem Fenster retten. Der Knabe aber lief zu Tachmime, unterdrückte mühsam seine Tränen und fragte, warum die Mutter zuließe, daß andere ihn verhöhnten. Er wolle wissen, wer sein Vater sei und welchem Stamm er angehöre.

Tachmime drückte ihren Sohn an sich und sagte: »Mein Kind, du kannst ohne Scham dein Haupt erheben. Dein Vater ist Rustam aus dem Geschlechte Sams. Kein Ritter auf der Welt kann sich mit ihm messen.« Sie zeigte Suhrab einen Brief, von Rustam auf Seide geschrieben, gab ihm drei Rubine und drei Badreh Gold, die ein Bote aus Sabul nach der Geburt des Knaben gebracht hatte, und fuhr fort: »Es sind Geschenke deines Vaters. Hüte dieses Geheimnis, ich beschwöre dich. Kommt Afrasiab dahinter, wird er dich hassen, wie er Rustam haßt. Um dich zu schützen, wird dein Vater dich nach Sabul holen. Ich aber muß bleiben und werde vor Gram sterben. Denn auch Kai Kawus darf nicht wissen, daß Rustam eine Turanerin zum Weibe hat.«

Suhrab war ein Kind. Die Tücken der Welt kannte er noch nicht. Die Wahrheit, meinte er, gehört auf ihren Platz. Sie darf nicht ängstlich und versteckt im Dunkeln leben. Nicht flüstern, wenn es ihr geboten ist, zu schreien.

»Ich werde mich an die Spitze eines Heeres stellen«, rief er, »Kai Kawus vom Thron stürzen und Rustam zum Schah von Iran machen. Ist das geschehen, vertreibe ich Afrasiab. Der Dscheihun wird die beiden Reiche nicht mehr trennen. Iran und Turan werden eins sein. Du hütest ein Geheimnis, das du nicht hüten solltest, liebe Mutter. Dein Platz ist an der Seite Rustams. Ist er König, bist du Königin.«

Er redete sehr eifrig und erhitzt. Tachmime nahm Suhrab in ihre Arme. Sie hatte Angst.

· IV ·

Afrasiab wußte längst, daß in Semangan ein Sohn Rustams lebte. Er übereilte nichts. Die Stunde, Rustam zu treffen, würde kommen. Daran zweifelte er nicht. Den Starken schläfert die Stärke ein. Den Schwachen hält die List wach. Nun wurde Afrasiab zugetragen, daß Suhrab ein Heer sammelte und sich anschickte, die Grenzen Irans zu überschreiten. Afrasiab zögerte nicht länger. Er wählte zwei seiner besten Heerführer aus, Barman und Human, unterstellte ihnen zwölftausend Krieger und trug ihnen auf, nach Semangan zu ziehen. Sie sollten, befahl er, sich Suhrab anschließen und alles tun, daß Vater und Sohn einander nicht erkannten. Träfen beide im Kampf aufeinander, so würde einer sterben. Fiel der Alte, war Iran ohne Schutz, fiel der Sohn, erschlaffte der Vater im Gram. So oder so, der letzte Sieg gehörte den Turanern. Bei Gott, es war ein Plan des Teufels.

Barman und Human taten, was Afrasiab ihnen gebot. Suhrab war ohne Arg und begrüßte die tückischen Fürsten als Freunde. Er nahm Abschied von seiner Mutter. Tachmime küßte ihren Sohn und band ihm Rustams Onyx um den Arm. Mehr konnte sie für ihn nicht tun. Sie hatte schon so viel geweint, daß ihre Augen ausgetrocknet waren wie ein Brunnen in der Glut der Wüste.

Viele Wochen zog Suhrab mit seinem Heer durch Irans Provinzen. Niemand war imstande, die Turaner aufzuhalten. Ein großes Wehklagen hub an. Selbst Löwen und Krokodile flohen. Da gelangte Suhrab zum weißen Schloß, demselben, das Rustam einst, als Salzhändler verkleidet, erobert hatte. Der Burgvogt meinte, mit dem unerfahrenen Knaben allein fertig zu werden. Doch schon beim ersten Gang schleuderte der Jüngling den kampferprobten Mann mit seiner Lanze aus dem Sattel, warf sich auf ihn und verspürte Lust, ihm den Kopf abzuschneiden. Aber der Alte flehte so inniglich um sein Leben, daß Suhrab mit dem Besiegten Mitleid empfand. Er ließ ihn fesseln und ins Heerlager bringen.

Im weißen Schloß lebte ein Mädchen, Gurdafarid geheißen. Obwohl ein Weib, war sie in den Waffen geübt und hatte schon manchen Mann vom Pferd gestoßen. Kaum erreichte Gurdafarid die Nachricht, daß der Burgvogt gefangen sei, streifte sie die Rüstung über, verbarg ihr langes Haar unterm Helm und sprengte auf die Turaner zu. Wem die Hölle angenehmer sei als die Sonne Irans, der möge seine Lanze heben und vortreten, rief sie. Keiner der Turaner vermutete in dem frechen Herausforderer eine Frau. Alle zögerten, denn Gurdafarid gab sich sehr wild. Allein Suhrab lachte laut. Ihm schien der Kampf mit jenem Reiter ein lustiger Zeitvertreib. Doch bald merkte er, die Sache war ernster als angenommen. Sein Gegner griff einmal von rechts an, das andere Mal von links, überschüttete

ihn mit Pfeilen, und er hatte seine liebe Not, sich mit dem Schild zu schützen. Er mußte mit seinem Pferd tanzen wie ein Kreisel. Erst als Gurdafarid alle Pfeile verschossen hatte, gelang es dem Knaben, ihr Panzerhemd mit dem Speer zu durchstoßen. Sie stürzte vom Pferd. Schon glaubte Suhrab, Gurdafarid fassen zu können, da sprang sie auf, zerhieb den Speer, der in ihrem Panzer steckte, schwang sich aufs Pferd und floh dem weißen Schloß entgegen. Suhrab stürmte hinterdrein, erreichte den Feind, riß ihm den Helm vom Haupt und erschrak. Er sah sich einem Weibe gegenüber. So ein Wild war ihm noch nie ins Netz gegangen. »Oho«, rief er und war verwirrt, und Gurdafarid bemerkte es. War sie mutig und war sie schön, so besaß sie noch einen dritten Vorzug: Sie war klug, wußte Menschen einzuschätzen, vor allem kannte sie die Eitelkeit der Männer. Sie gab sich hilflos, lächelte das Lächeln eines Weibes und sprach: »O Pahlawan, ich bewundere deine Kraft. Drache und Elefant können dir nicht widerstehen. Wenn du befiehlst, folge ich dir als Gefangene. Was immer du von mir verlangst, ich bin deine Sklavin. Doch bedenke, was die andern denken werden. Ich höre schon das Lachen dieser Dummen. Ich bin ein Weib. Es dauerte sehr lange, bis du mich überwinden konntest. Dein Heer hat zugesehen. Wie soll es wissen, daß mich zuvor noch kein Mann bezwungen hat. Wenn ich dir raten darf, komm mit mir in die Burg. Ich lege dir das Schloß zu Füßen, mich selbst, denn ich habe geschworen, dem anzugehören, der mich besiegt.«

Diese Worte waren andere Pfeile. Augen, Mund und Haar ein Fangstrick, dem Suhrab nicht entgehen konnte. Noch schlug er um sich, rief, er wolle die Mauern des Schlosses zertrümmern, hob die Keule, zog das Schwert. Doch Gurdafarid wußte, der Knabe war besiegt. Sie wandte ihr Pferd, ritt auf die Burg zu, und Suhrab folgte ihr mit grimmigem Gesicht und weichem Herzen. Als sie zum Tor gelangten, wurde es einen Spalt breit geöffnet.

Das Mädchen schlüpfte hindurch. Suhrabs Pferd jedoch zertrümmerte man fast den Schädel, so heftig schlugen die Wächter das Tor wieder zu. Gefoppt stand Suhrab davor, schrie und brüllte, allein was half's. Das Mädchen blickte von den Zinnen auf den Tobenden herab, lachte und rief: »Willst du eine Frau fangen, dann droh nicht mit der Keule. O edler Pahlawan, du bist ein Tölpel.«

Suhrab fluchte und schwor, das weiße Schloß niederzubrennen. Sieger und doch besiegt, so ritt er zurück.

Als der Morgen dämmerte, stürmten die Turaner Wälle und Mauern der Burg. Aber sie fanden keine Gegenwehr. Das schwere Tor sprang schon beim ersten Schlag auf. Frauen, Kinder und Greise warfen sich den Eindringlingen zu Füßen und flehten um ihr Leben. Nicht ein Krieger befand sich im weißen Schloß. Durch einen geheimen Gang waren sie nachts ins Freie gelangt. Suhrab suchte vergeblich nach Gurdafarid. In seinen Zorn mischten sich Sehnsucht und Schmerz. Zum erstenmal in seinem jungen Leben liebte er.

· V ·

Kai Kawus hatte bislang geglaubt, so ernsthaft wäre die Angelegenheit nicht. Das Reich war groß, die Grenze lang. Mal drangen Turaner in Iran, mal Iraner in Turan ein. Die Streitigkeiten blieben Streitigkeiten und gaben sich von selbst, behielt der König nur Verstand. Doch diesmal schien die Sache anders. Das weiße Schloß gefallen, die Nachricht schreckte Kawus auf. Suhrab war noch weit, aber er kam näher, verwüstete die Felder, verbrannte die Städte. Betört die Schönheit eines Weibes selbst den klugen Mann, den gefoppten Jüngling bringt sie um den Verstand.

Also schickte Kawus, der Hohn und Spott des Volkes ausgestanden und überwunden hatte, einen Boten nach Sabul zu Rustam und gebot ihm, ein Heer gegen die Turaner zu führen. Rustam las den Brief und fand reichlich übertrieben, was ihm der Schah von einem jungen turanischen Heerführer schrieb. Sicher, in Semangan lebte sein Sohn. Aber der war vierzehn Jahre alt, trank wohl schon Wein statt Milch, schlug sich mit Rittern, wie es sich für einen Sohn Rustams ziemte. Jedoch ein Heer zu führen, das weiße Schloß zu nehmen, Iran zu bedrohen, das war kein Spiel für ein Kind, selbst für einen Enkel Destan Zals nicht. Kawus war Kawus, geplagt von Hochmut, Phantasien und Angst. So dachte Rustam, und er dachte falsch.

Er lud den Boten ein, mit ihm zu trinken. Der Ritter wagte nicht zu widersprechen, obgleich Kai Kawus ihm befohlen hatte, alsbald zurückzukehren, nicht einmal zu schlafen, geschweige denn sich zu berauschen. Am nächsten Tag zeigte Rustam sich wiederum nicht geneigt, die Tafel mit der Rüstung zu vertauschen, und am dritten Tag noch weniger. Am vierten Tage endlich, da der Bote keine Ruhe gab, ließ Rustam Raksch satteln und brach zum Alburs auf.

Destan Zals Sohn war gewohnt, anders empfangen zu werden, als Kawus es tat. Der Schah saß schweigend auf seinem Thron und blickte den König von Sabul finster an. Er nahm noch seinen Gruß entgegen, sprang dann aber wütend auf und schrie: »Rustam, wer ist Rustam, daß er wagt, nicht alsogleich zu kommen, wenn ich rufe. Trüge ich das Schwert, ich wollte dir auf der Stelle den Kopf abschlagen.«

Er schrie nach dem Henker. Rustam und der Bote mögen augenblicks zum Galgen getrieben werden, befahl er.

Die Großen um den Thron standen bleich vor Schreck, einer faßte Rustam bei der Hand. Kawus war von Sinnen. Hängte er Rustam, so henkte er Iran. In einer Stunde würde er bereuen, solche Worte gebrüllt zu haben. Das wußten alle, und sie wollten Zeit gewinnen.

Rustam jedoch, eben noch das Knie vor Kawus beugend, sprang auf und schrie, nun gleichfalls außer sich vor Zorn: »Wer bist du ohne mich? Ein Blinder in Masanderan, ein

Geprellter in Hamaweran, ein herabgefallener Vogel im Walde von Tschin. Nenn dich nicht Schah von Iran. Ich habe dich dazu gemacht, und es reut mich.«

Sie waren beide toll. Als einer der Fürsten Rustam besänftigen wollte, schlug dieser ihn mit der Faust zu Boden, stürzte aus dem Saal und jagte mit Raksch davon. Iran schien verloren, denn niemand wußte Rat, den Schah mit Rustam zu versöhnen. Zuletzt raffte sich Gaudars auf, ein ehrwürdiger Mann und Feldherr, erprobt in vielen Kämpfen. Er ging zu Kawus in den Saal. Der saß erschöpft und alt und hilflos auf dem Thron.

»O König der Könige«, sagte Gaudars, »Licht der Iraner, unterdrücke deinen Zorn. Rustam ist ein treuer Mann, der beste, den du hast. Er ist stolz, beugt seinen Rücken ungern. Doch stark ist der, den freie Fürsten zum Schah gewählt. Sie dienen ohne Furcht, mit offener Rede und nicht mit Falschheit wie ein Unterworfener. Opfere Iran nicht deinem Stolz. Suhrab bringt dir und uns und allem Volk den Tod. Nur einer kann den jungen Löwen in Stricke legen: Rustam.«

War es Sorge um Iran oder die Angst, Macht und Leben zu verlieren, die Kawus zur Versöhnung trieb? Die Geschichte schweigt, und die Mobaden erzählen nur von einem Boten, den der Schah dem erbosten Rustam hinterdrein sandte, ihn an den Hof zu bitten, nicht ihm zu befehlen.

Rustam war weniger schnell bereit, sich auszusöhnen.

»Was ist mir Kawus«, sagte er, »eine Handvoll Erde.«

Erst als der Bote ihn beschwor, Irans zu gedenken, der weinenden Kinder, der klagenden Frauen, die Sonne würde herabfallen, der Alburs zusammenstürzen, erst da rührte sich sein Herz. Er kehrte um und trat erneut vor Kawus hin. Sie redeten sehr lange und sehr viel, verbeugten sich und baten um Vergebung. Wer ihnen zusah, wußte nicht, ob Rustam Kawus zu gehorchen hatte oder Kawus Rustam. Sie zechten bis tief in die Nacht. Vom Wein trunken, feierten sie schon den Sieg über Suhrab.

· VI ·

Hatte Afrasiab Suhrab zwei Heerführer mitgegeben, um zu verhindern, daß Vater und Sohn einander erkannten, so tat Tachmime alles, daß gerade dies geschehen sollte. Onyx und Rubine schienen ihr nicht ausreichend. Sie gab dem Knaben seinen Oheim Sande Rasm mit. Der war in Semangan Rustams Tischgenosse gewesen. Die Jahre waren hingegangen, aber, so meinte Tachmime, sie würden einander wiedererkennen. Doch es kam anders.

Noch verweilte Suhrab mit seinen Leuten im weißen Schloß, genoß die Jagd und nächtliche Gelage. Als ihm das gewaltige Heer der Iraner gemeldet wurde, lachte er unbekümmert. Wer sollte ihm gefährlich werden außer Rustam. Der aber war sein Vater, und gegen den würde er nicht kämpfen. Suhrab war ein Kind.

Zur gleichen Zeit saß Rustam neben Kawus und bat, ihm zu erlauben, daß er allein und ohne Waffen ins Lager der Turaner schliche, um ihre Stärke zu erkunden. Kawus hieß den Plan gut. Rustam kleidete sich in turanische Gewänder und gelangte unbehelligt in die Burg, ja bis in den Saal, wo Suhrab sorglos zechte. Dort stellte er sich in eine Nische, und niemand fand etwas dabei. Nur Suhrabs Oheim fiel der Fremde auf. So riesenhafte Männer gab es in Turan nicht, ausgenommen Suhrab selbst. Mag sein, Sande Rasm ahnte etwas, erinnerte sich an Rustams Gesicht, wußte aber nicht die Sache zu deuten. Rustam war Iraner, der unbekannte Mann im Saal jedoch ganz offensichtlich ein Turaner. So erhob sich der Alte, ging auf ihn zu und wollte wissen, wer er sei und was er treibe. Der Winkel, in dem Rustam stand, war reichlich dunkel. So dunkel jedenfalls, daß der Held den einstigen Tischgenossen nicht erkannte. Rustam schlug, statt zu sprechen, mit der Faust. Er schlug so heftig, daß Sande Rasm lautlos hinstürzte und starb.

Suhrab bemerkte erst sehr spät das Fehlen seines Oheims. Als er ihn suchen ließ und als man Sande Rasm fand, war Rustam schon auf dem Weg zu Kawus. Unverzüglich brach Suhrab das Gelage ab und befahl den Wachen, von nun an doppelt aufmerksam zu sein. Die Iraner hingegen feierten Rustams Erfolg.

Am nächsten Morgen ritt Suhrab auf einen Hügel, von dem er das Heerlager der Feinde überblicken konnte. Er befahl, man möge ihm den gefangenen Burgvogt bringen, damit der ihm über die Heerführer der Iraner Auskunft gebe. Für diesen Dienst versprach er dem Mann die Freiheit, vorausgesetzt, er sage die Wahrheit. Lüge er hingegen, erwarte ihn das finsterste Verlies.

»Warum sollte ich dich belügen«, erwiderte der Burgvogt. »Heißt es doch: Der beste Weggefährte ist die Wahrheit, der schlimmste die Falschheit.«

Suhrab fragte nach jedem Zelt, das die anderen überragte: nach dem schwarzen und dem roten, nach dem mondgeschmückten und dem mit seidenem Flor. Er fragte nach den Fahnen, die darüber wehten, Elefanten als Wappen trugen, Drachen, Paradiesvogel, Wolf und Löwe. Der Burgvogt antwortete wahrheitsgetreu, nannte Fürsten und Länder. Nur einen Namen nannte er nicht, den Rustams, und gerade den hoffte Suhrab zu hören. Vor einem grünen Zelt wehte das Banner Kawes. Umgeben von vielen Rittern, saß dort ein Mann von erstaunlichem Wuchs. Sein Fangstrick war hundertfach gefaltet. Das Roß neben ihm war außergewöhnlich wie der Mann selbst. Immer wieder schaute Suhrab nach diesem Zelt, wollte den Namen des Königs wissen, denn ein König mußte es sein. Aber der Burgvogt fürchtete für Rustam, meinte, die Turaner könnten ihn hinterrücks töten, und antwortete, den da kenne er nicht. Es müsse ein Fürst aus Tschin sein, vielleicht auch von anderswo her, nein, eigentlich doch aus Tschin — so wie er dasäße, säßen nur Fürsten aus Tschin da. Suhrab traute dem Burgvogt nicht. Der Ritter vor dem grünen Zelt glich in allem seinem Vater, wenigstens hatte ihn Tachmime so beschrieben. Auch die Drachen auf seinem Banner sprachen dafür. Suhrab drohte dem Burgvogt mit dem Tode, wenn er ihm nicht hier und sofort den Namen des Unbekannten nennen würde. Doch er bekam zur Antwort: »Wie soll ich wissen, was ich nicht wissen kann. Seit Wochen schon bin ich dein Gefangener. Dort sitzt ein Mann aus Tschin, und nun schlag mich tot.«

Der gute Alte lebte nach dem Wort: Lieber aufrecht sterben als Freunde verraten. Er wollte Gutes und bewirkte Böses. Den Faustschlag Suhrabs, der ihn zu Boden warf, hatte er nicht verdient. Aber Suhrab schlug, weil er den Vater suchte, sich nach ihm sehnte und ihn liebte. Er wußte seiner Enttäuschung nicht anders zu begegnen als durch Heftigkeit.

· VII ·

Ich sagte es, Afrasiabs Plan war teuflisch, doch war er wohlbedacht. Zufall, Irrtum, falscher Stolz brachten ihn zu einem bittren Ende.

Suhrab ritt vor das Lager der Iraner, schrie, Kawus, der sich König der Könige nenne, sei ein heimtückischer Mörder und gehöre an den Galgen. Für den Tod des Oheims Sande Rasm werde ganz Iran büßen. Das habe er geschworen.

Niemand fand den Mut, sich Suhrab zu stellen. Da zerhieb dieser siebzig Lagerpfähle und riß die Hälfte des Königszeltes nieder. In seiner Not schickte Kawus nach Rustam, indes Suhrab fortfuhr, die Iraner zu schmähen. Er wurde erst still, als er den Recken vor sich sah. Der Knabe zögerte, gerade diesen Ritter anzugreifen, der ihm vertraut schien wie ein Vater oder Freund. Rustam war dem Jungen nicht weniger zugetan.

»Die Erde ist kalt«, sagte er, »die Luft ist warm und schwer vom Duft der Blüten. Mein Herz fühlt Mitleid. Dir das Leben nehmen würde mir Schmerz bereiten. Bleib nicht bei den Turanern, Iran öffnet dir die Tore.«

Er hätte weniger zu sagen brauchen, nur ein Wort. Allein

die angelernte Ehre verbot es ihm. So war er aufgewachsen, so in die Schlacht gezogen, so Fürst geworden: Nicht der Starke nennt seinen Namen, der Schwache tut es. Als Suhrab sagte: »Bekenne mir, du bist Rustam, der Enkel des Sam«, gab er zur Antwort: »Du irrst.«

So mußte denn geschehen, was geschah.

Suhrab griff als erster an. Die kurzen Speere splitterten schnell. Die Hinduschwerter zerbrachen. Die Keulen krümmten sich. Unter den Schlägen wankten Roß und Reiter. Am Ende waren Suhrab und Rustam so müde, daß sie nicht mehr den Arm zu heben vermochten. In wilder Wut, weil einer den anderen nicht bezwingen konnte, stürzte sich Suhrab auf das Heer der Iraner und Rustam auf das der Turaner, und ein jeder tötete viele seiner Feinde.

Suhrab, in das weiße Schloß zurückgekehrt, setzte sich an die Tafel, aß und trank und ließ Spielleute ihre Lieder singen. Er wollte den vorangegangenen Kampf vergessen. Aber es gelang ihm nicht. Immerfort mußte er daran denken, daß der gewaltige Mann, den er nicht hatte überwinden können, vielleicht doch Rustam sei. Und da ihn Zweifel quälten, befragte er Human, einen der beiden Heerführer, die Afrasiab ihm mitgegeben hatte. Schlau gab dieser zur Antwort, er kenne Rustam, habe ihm schon des öfteren im Feld gegenübergestanden. Suhrab könne sicher sein, Rustams Hiebe hätten ihm ganz andere Beschwernis gebracht. Es sei schon so, wie der Burgvogt behaupte, der Kerl sei irgendwer aus Tschin, kampfstärker als mancher andere, aber ihm, Suhrab, keineswegs vergleichbar. Er möge während des Streites nur nicht an Rustam denken, das nähme ihm Kraft und Sicherheit.

Rustam hinwiederum saß die halbe Nacht im Zelt und dachte an den Tod. Wie der Tag steigt und sinkt, die Wolke am Himmel zerfließt, die Welle sich auftürmt und bricht, darüber dachte Rustam nach. Daß er alt war und daß Junge kamen, stärker als er. Er rief einen seiner Vertrauten

ins Zelt und sagte: »Wenn ich morgen sterbe, laßt den Schmerz um meinen Tod nicht zu groß werden. Sinnt nicht auf Rache, sondern kehrt nach Sabul zurück. Tut, was mein Vater Destan Zal euch gebietet, tröstet die Mutter und bleibt Kai Kawus treu.«

Am Morgen trafen Rustam und Suhrab erneut aufeinander. Beide hatten wenig geschlafen. Der Knabe fühlte sich frisch. Lächelnd fragte er Rustam, wie er geruht habe, und sagte: »Ich wünschte, du stürbest im hohen Alter daheim und in den Armen eines Sohnes, nicht hier auf den nackten Steinen.« Er lud ihn ein, mit ihm zu zechen, sollten andere sich schlagen. Wieder wollte er Rustams Namen hören, und wieder gab dieser darauf keine Antwort, meinte nur, die Heere warteten, es wäre an der Zeit, die Sache zu einem Ende zu bringen. Ob Spaß, ob Qual, danach frage niemand.

Jeder band sein Pferd an einen Felszacken, legte Schwert, Speer, Keule auf den Boden und behielt nur den Dolch im Gurt. Die Sonne stieg und fiel. Suhrab und Rustam rangen miteinander. Sie schwitzten und bluteten, schrien und ächzten, den Mund voller Staub. Die Heere schauten von ferne zu, wünschten dem einen Glück, dem anderen Unglück.

Schon glaubte keiner mehr an eine Entscheidung, da umschlang Suhrab den Vater, hob ihn hoch, schleuderte ihn zu Boden und stürzte sich auf ihn. Er zog den Dolch, wollte ihn Rustam in den Hals stoßen, erschöpft und wütend und froh, den Greis unter sich zu haben. Da rief Rustam: »Du tust unrecht!«

Suhrab zauderte. Rustam erkannte die Gelegenheit, sich zu retten, und fuhr hastig fort: »Du bist in unserem Land, so gilt auch unsere Sitte. Wir töten nicht, wen wir zum erstenmal bezwungen. Mein Leben gehört dir erst beim zweitenmal.«

Selbst ohne Falsch, glaubte Suhrab auch die Welt ohne Falschheit. Er ging in die Falle, wie er Gurdafarid in die

Falle gegangen war, gab Rustam frei und kehrte zu seinen Leuten zurück.

Afrasiabs Heerführer waren entsetzt.

»Bist du des Lebens müde«, sagten sie. »Der Löwe steckt in der Grube, und du läßt ihn frei. Er wird es dir nicht danken.«

Suhrab hörte betroffen zu. Doch dann erwiderte er: »Was sorgt ihr euch. Den Alten werf ich immer wieder.«

»Wer seinen Feind gering achtet, hat die Schlacht schon verloren«, antworteten die Heerführer.

Rustam erhob sich aus dem Staub. Dem Tod entronnen, verspürte er die Lust zu leben doppelt. Er ging zum Bach und wusch sich.

Es wird erzählt, Rustams Körper wäre dereinst von solcher Schwere gewesen, daß selbst Felsen einbrachen, auf die er trat. Ihm wurde bald zu Last, worum andere ihn beneideten, und er bat Gott, ihm einen Teil der Schwere zu nehmen. Der erfüllte seinen Wunsch, machte Rustam leichter, aber zugleich auch schwächer. Jetzt, da Destan Zals Sohn dem nächsten Tag mit Bangen entgegensah, flehte er den Himmel an, ihm zurückzugeben, was er einstmals besessen hatte. Und auch diesmal wurde seine Bitte erhört.

Am folgenden Tag trafen Suhrab und Rustam zum dritten Mal aufeinander. Wieder banden sie die Pferde fest. Wieder legten sie die Waffen nieder. Wieder packten sie einander beim Gurt. Doch sosehr der Knabe auch an Rustam zerrte, an seinen Kleidern riß, er vermochte nicht, den Greis von seinem Platz zu stoßen. Der hingegen packte Suhrab bei Kopf und Nacken, bog ihm den Rücken durch, wie man ein Schilfrohr biegt, warf ihn zu Boden und stieß ihm den Dolch in die Brust.

Suhrab begriff die Tücke der Welt und begriff sie zu spät. Er fluchte seiner Einfalt, und er fluchte seinem Mörder.

»Wärst du ein Fisch im weiten Meer, ein blasser Stern am endlosen Himmel, ein Sandkorn in der Nacht, Rustam, mein Vater, wird dich finden und mich rächen«, sagte er mit schwacher Stimme. »Liebe trieb mich, ihn zu suchen, und Arglist brachte mich um.«

Er drohte Rustam mit Rustam, und dem wurde die Erde dunkel. Noch wollte er nicht glauben, daß Suhrab sein Sohn sein sollte. Er flehte um eine Lüge. So grausam könne Gott nicht sein, meinte er, und wußte doch, es stand geschrieben: Wo übles Schicksal zürnt, wird harter Stein wie Wachs. Er löste den Panzer des Sterbenden und fand den Onyx, den er dereinst Tachmime gegeben hatte. Da schrie er im Schmerz auf, warf sich über den Knaben, zerriß sich die Kleider, warf Sand auf sein Haupt.

So fanden ihn seine Freunde, als die Sonne schon untergegangen war. Er bat, man möge ihm die Hand abhauen. Er zückte den Dolch gegen sich, um seinem Gram ein Ende zu machen. Man hatte Mühe, ihn bei Verstand zu halten.

Ob es Suhrab helfe, wenn er sich töte, fragte ihn der weise Gaudars. Sinnvoller sei es, Kai Kawus um jenen Balsam aus der Höhle des Kaukasus zu bitten, den er sorgsam in seinem Thronschatz verwahre und womit auf den Tod Verwundete geheilt werden könnten. Rustam bat den Freund, augenblicks zum Schah zu eilen.

Kawus aber gab das Heilkraut nicht heraus.

»Ich wünsche Rustam kein Übel«, sagte er, »jegliches Unglück sei ihm fern. Gebe ich ihm jedoch den Balsam, so bleibt der Knabe am Leben. Was aber wird dann? Ihr hörtet Rustam: Was ist Kawus? Ihr hörtet Suhrab: Mir wird ganz Iran büßen! Allein ist Rustam uns nützlich. Vater und Sohn gemeinsam bringen dem Land Unheil.«

Und Suhrab starb. Man trug ihn zu Rustams Zelt. Alle Krieger streuten Erde auf ihr Haupt. Ein Feuer wurde entfacht, die bunten Zelte wurden zusammengerollt und in die Flammen geworfen samt Rustams Sattel.

Ohne Suhrab wagten die Turaner keinen weiteren Angriff. Sie zogen sich wieder über den Dscheihun zurück. Rustam aber nahm den Weg nach Sabul. Pauken, Zimbeln und Pfeifen zerschlagen, die Fahnen gesenkt, den Schweif der Pferde abgeschnitten, Staub auf dem Haar, so zog sein Heer durch die Wüste. Es gab nichts, was Rustam hätte trösten können.

Tachmime, als sie hörte, was geschehen war, gab allen Reichtum hin, ließ die Tore des Palastes schließen und gebot, sie mit schwarzen Tüchern zu behängen. Thron und Saal verfielen. Tachmime selbst lebte noch ein Jahr.

Siebtes Buch

Sijawusch, von seiner Mutter Sudabe in verbotener Liebe begehrt, flieht nach Turan, nimmt die Tochter Afrasiabs zur Frau und wird in der Fremde gemordet

· I ·

Von einem Mobaden ist folgende Geschichte überliefert.

Sudabe, die Frau des Kai Kawus, gebar einen Knaben. Das Kind kam im Aussehen der Mutter nach, und wer es sah, wurde im Herzen froh. Kawus nannte seinen Sohn Sijawusch, den Braunäugigen. Er berief Sternkundige, das Geschick des Kindes herauszufinden. Aber die Sterne verdunkelten sich vor dem Glück des Knaben. Alle, die davon erfuhren, erfaßte Trauer, auch Rustam. Und da er den Schmerz über den Tod des eigenen Sohnes noch immer nicht verwinden konnte, kam er zum Schah und sprach: »Gib mir Sijawusch. Ich will versuchen, aus ihm einen Mann zu machen. Haben mir die Sterne Suhrab genommen, vielleicht werden sie jetzt gütiger sein.«

Sorge und Leid ließen die Männer das Mißtrauen gegeneinander vergessen. Kawus gab Sijawusch nur ungern her. Aber er liebte seinen Sohn, fürchtete den Spruch der

Mobaden und willigte daher ein, daß der Knabe mit Rustam nach Sabul zöge.

Nach sieben Jahren verstand Sijawusch wie kein anderer die Fangschnur zu werfen, das Schwert zu führen und das Roß zu lenken. Er wußte zu zechen und das Wild mit dem Falken zu jagen, zu gebieten und sich zu bescheiden, das Recht zu erkennen und das Unrecht, zu strafen und milde zu sein.

Da die Zeit gekommen war, verlangte es Sijawusch nach seinem Vater und seiner Mutter. Rustam liebte ihn wie einen Sohn. Er fürchtete um den Knaben, wußte aber auch, daß er ihn vor der Bosheit der Welt nicht würde bewahren können. So rüstete er eine Karawane aus und begleitete den Jungen an den Hof von Kai Kawus. Wohin sie auch kamen, waren die Straßen geschmückt, die Dächer, die Tore, Gold und Blumen wurden auf den Weg gestreut, und Sijawusch glaubte, alles Glück der Welt sei für ihn bereit.

Kai Kawus bettete den Kopf des Sohnes freudig in seinen Schoß. Er befahl, daß in ganz Iran sieben Tage lang getanzt, getrunken und gespielt werden sollte.

Sijawusch lebte unbeschwert am Hofe seines Vaters. Und als sieben Jahre vergangen waren, gab Kawus dem Jüngling Krone und Gürtel und schenkte ihm das Land Kawarschan.

Und wieder verging ein Jahr, und keiner dachte mehr an den unheilverkündenden Spruch der Mobaden.

Eines Tages saß Kai Kawus mit seinem Sohn allein im Saal. Da trat Sudabe ein. Sie erblickte Sijawusch und vergaß, daß er ihr Kind war. Sosehr sie ihrem Herzen auch Vernunft gebot, es gehorchte ihr nicht. Sie irrte durch den Garten, lag schlaflos im Gemach. Ihr war, als müsse sie verbrennen, und dann wieder, als friere ihr Herz im Schnee. Als sie sich nicht mehr zu helfen wußte, schickte sie heimlich einen Vertrauten zu ihrem Sohn, ihm auszurichten, daß sie ihn freundlich empfangen würde, käme er ins Frauengemach.

Zornig wies Sijawusch den Boten ab. Er sei kein Mann des Harems, erwiderte er. Was dem Schah erlaubt sei, gezieme sich nicht für den Sohn.

Sudabe aber, von Verlangen nach Sijawusch getrieben und da der erste Schritt nun mal getan war, wollte sich mit einer solchen Antwort nicht zufriedengeben. Sijawusch, so meinte sie, wäre schüchtern und unerfahren in der Liebe. Rustam hätte ihn die Geschicklichkeit des Kriegers gelehrt, zum Mann jedoch würde ein Jüngling durch das Weib. Also eilte Sudabe schon am nächsten Morgen zum Schah, umschmeichelte ihn und bat, er möge Sijawusch doch von Zeit zu Zeit ins Frauengemach schicken, Mutter und Schwestern hätten nicht weniger Recht, sich an ihm zu erfreuen, als der Vater.

Kawus fand den Wunsch der Frau billig, ja er lobte ihre mütterliche Sehnsucht und versprach zu tun, worum sie bat.

Sijawusch war betroffen, von Kai Kawus selbst aufgefordert zu werden, den Harem zu besuchen. Fürs erste glaubte er, der Vater wolle ihn prüfen. Doch er fand den Blick des Schahs ohne Argwohn. So zweifelte er nicht mehr, daß Sudabe ein böses Spiel trieb. Er sagte zu Kai Kawus, was ihm not täte, wäre die Weisheit der Mobaden, das ritterliche Kampfspiel, noch sei er jung, von Weibern könne er nichts lernen — so viele Ausflüchte er auch suchte, der Schah schickte ihn zu Sudabe und beschwor damit das Unglück herauf, das er seit Sijawuschs Geburt verhindern wollte.

Die Frau bot alle Kunst auf, Herz und Sinn des Jünglings gefangenzunehmen. Der Harem duftete nach Moschus und Ambra, den Boden bedeckten Teppiche aus China, an den Wänden glitzerten Gold und Edelsteine. Von fern erklangen Zimbeln und Lauten. Wein und erlesene Speisen lockten. Mädchen, Perlenkränze im Haar, eilten herbei und führten Sijawusch in Sudabes Gemach, auf seinen Weg Silber, Rubine und Smaragde streuend. Sudabe stieg vom

Thron, schloß den Sohn in die Arme und küßte ihm Gesicht und Augen.

»Hundertfach sei Gott gedankt«, sagte sie, »keine andere Frau hat einen Sohn, wie ich ihn habe.«

Sijawusch fühlte sich beklommen und geängstigt. Sobald es sich schickte, floh er vor der Frau und eilte zu seinen Schwestern. Sie setzten ihn auf einen goldenen Stuhl, gaben sich als seine Sklavinnen und konnten sich nicht satt sehen an dem starken und schönen Jüngling. Sijawusch aber war froh, als er das Frauengemach wieder verlassen durfte. Er lief zum Vater, pries Reichtum und Glanz des Harems und glaubte, damit wäre die Sache ausgestanden.

Nachts begab sich Kai Kawus zu Sudabe, nicht ohne Neugier, wie Sijawusch sich gezeigt und wie er gefallen habe.

»Niemand, o mein Gebieter, könnte einen Sohn zeugen wie du«, sagte Sudabe schlau. »Du solltest ihm ein Weib aus deinem eigenen Stamm bestimmen, nicht eine von den Großen im Reich. Ich kenne Jungfrauen in meinen Gemächern, die deines Sohnes wert sind. Es soll ein Knabe geboren werden, der dir gleicht.«

»Dein Wunsch ist meiner«, erwiderte Kawus und lag der Frau bei, die ihn in ihren Gedanken bereits betrog.

Am nächsten Morgen rief der Schah Sijawusch zu sich und sprach: »Ich habe die Sterne befragt. Sie sagen, aus deinen Lenden wird ein Held erstehen zum Schmuck der Erde. Suche dir in unseren Frauengemächern ein Weib, das dir gefällt.«

»Mein Vater«, erwiderte Sijawusch, »du bist mein Herr, ich bin dein Knecht. Willst du, daß ich ein Weib nehme, werde ich es tun. Nur, ich bitte dich, halte es vor Sudabe geheim, sie wird sich dem widersetzen.«

Kawus lächelte bei diesen Worten, meinte er doch, Sudabe besser zu kennen als sein scheuer Sohn.

»Geh«, sagte er, »und sorge dich nicht.«

Wieder ging eine Nacht hin, und wieder beschied Sudabe

den Sohn zu sich. Sijawusch suchte nach einer Ausflucht, rief Gott um Hilfe an. Umsonst. Er hatte zu gehorchen.

Sudabe war noch verführerischer als beim ersten Mal: der Duft der Haut betörender, das Kleid frecher, die Finger, die ihn berührten, schmeichelnder. Sijawusch meinte, nicht in einem Palast zu sein, sondern in einem Behescht. Er sah Sudabe, die Mädchen um sie, anmutig und verlockend, und er zitterte. Er sollte wählen, war benommen und stand hilflos. Jedes der Mädchen wünschte, ihr möge das Glück zukommen, seine Frau zu werden. Zuletzt schickte Sudabe alle fort und blieb mit Sijawusch allein.

»Du magst nehmen, welche dir gefällt«, sagte sie.

Und Sijawusch dachte, sie alle sind wie unberührte Perlen.

Sudabe deutete das Schweigen des Sohnes nach ihrem eigenen Verlangen. Alle Scham vergessend, nahm sie den Schleier vom Gesicht und sprach: »Was Wunder, wenn du zauderst. Wer zwischen Sonne und Mond zu wählen hat, dem scheint der Schimmer des Mondes gering. Du errötest, doch sei ohne Furcht. Mein Leib und meine Seele gehören dir. Niemand wird es erfahren. Solange Kawus lebt, mag eines der Mädchen hier vor der Welt als dein Weib gelten. Stirbt er, bist du Schah, und wir brauchen nichts mehr zu verbergen.«

Sudabe, vor Liebe toll, faßte Sijawusch beim Kopf und küßte ihn, wie ein Weib einen Mann küßt.

Sijawusch wußte sich nicht zu wehren, stand wie ein Stock und dachte: Bewahre mich der Himmel. In ihr steckt Ahriman. Schrei ich, schreit sie lauter. Flieh ich, lauf ich anderen Orts in ihre Arme. Stoße ich sie von mir, verfolgt sie mich mit Haß. Am Ende glaubt der Schah ihr, nicht mir. Also sagte er: »Von allen bist du die Schönste. Da du aber dem Schah gehörst, gib mir deine Tochter. Ich will an keine andere Frau denken. Und denk ich an sie, denk ich an dich.«

Noch ehe Sudabe sich versah, eilte er aus dem Saal.

Die Frau fühlte sich betrogen. Des Nachts lag sie ohne Schlaf und schwor, Sijawusch zu verderben, wenn er ihr nicht zu Willen wäre. Sie rief ihn ein drittes Mal in den Harem und breitete so viele Schätze vor ihm aus, daß sie nicht auf zehn Elefanten hätten Platz finden können.

»Warum verschmähst du mich«, sagte sie. »Seit ich dich sah, ist mir der Tag dunkel, die Sonne schwarz. Nur einmal mach mich froh. Der Schah ist alt. Erbarm dich meiner Jugend. Ich will dir dienen, wie keiner dir dient, und dir Schätze geben, wie keiner sie dir geben kann.«

Entsetzt sprang Sijawusch auf, wollte davonstürzen, aber Sudabe hielt ihn fest. Sie hatte sich ihm preisgegeben. Nun sah sie sich entehrt und fürchtete Schande. Ihre Liebe kehrte sich in Haß.

»Du verspottest mich«, rief sie, »doch sei gewiß, die Welt wird nicht über mich lachen, ihr Zorn wird auf dich kommen.« Und noch bevor Sijawusch das rasende Weib hindern konnte, zerriß sie ihr Gewand und zerkratzte sich Wangen und Hals. Er flüchtete aus dem Saal, aber Sudabes Geschrei und das der anderen Frauen verfolgte ihn. Kawus mußte denken, in seinem Harem wäre der Jüngste Tag angebrochen. Er fand Sudabe inmitten der jammernden Dienerinnen. Eine rief dies, die andere jenes, und der Schah schrie, daß er bei dem Palaver nichts verstünde. Da war es still.

Sudabe bot ein Bild des Jammers. Ihr Anblick hätte jeden rühren müssen. Sie machte es sehr schlau, schwieg, als Kawus sie nach dem Geschehenen befragte. Erst als er drohte, gab sie stockend Antwort, weinte und ließ sich von ihrem Manne zwingen zu sagen, was sie auszusagen wünschte.

»Es war Sijawusch«, log sie. »Verbotene Liebe ließ ihn sich vergessen. Er drang hier ein. Ich wollte fliehen, da faßte er nach mir, riß mir das Band vom Haar, zerfetzte mir das Kleid. Ich hätte es dir früher sagen müssen, was er von mir verlangte. Doch er ist mein Sohn.«

Man hätte meinen müssen, daß Kawus im ersten Zorn den Frevler würde hängen lassen. Sudabe zumindest war dessen sicher. Doch was Kawus hörte und was er sah, nahm sich so ungewöhnlich aus, daß er nicht fähig war, etwas zu tun. Er liebte Sijawusch, und er liebte Sudabe. Und er begriff nichts, weil nicht zu begreifen war, was ihm berichtet wurde. Er saß und grübelte und jagte schließlich alle aus dem Saal, befahl nur Sudabe zu bleiben und schrie nach Sijawusch. Mit Frau und Sohn allein, verlangte er die Wahrheit zu erfahren und nur die Wahrheit.

Doch die eine sagte: »Er hat mich herumgezerrt und mich geschlagen.«

Der andere hingegen: »Ein verschmähtes Weib ist voller Haß.«

Und Sudabe darauf: »O mein Gebieter, ich trage ein Kind von dir. Sijawusch hat es in seiner Tollheit umgebracht.«

Redete Sudabe, glaubte Kawus der Frau. Sprach Sijawusch, glaubte er dem Sohn. Er wußte nicht mehr, was Wahrheit war, was Lüge, und fühlte sich ein rechter Affe. Er war geneigt, den einen wie den anderen zu hängen. Der Zorn jedoch, das wußte er, war ein schlechter Ratgeber. Er fand Besseres, die Wahrheit zu ergründen. Er roch an der Hand des Sohnes, an seiner Brust, an seinem Gesicht. Und siehe, Sijawusch roch nach Sijawusch und nicht nach Sudabe, nicht nach ihrem Rosenwasser, ihrem Moschus, ihren Blumen, mit denen sie geschmückt gewesen war.

Die Unschuld des Jünglings war erwiesen. In blinder Wut griff Kawus nach dem Schwert, Sudabe in Stücke zu hauen. Doch dann besann er sich ein zweites Mal. Er dachte an Hamaweran, an die Burg auf dem Felsen und daran, daß Sudabe es gewesen war, die ihm zu trinken gegeben hatte, wenn ihn dürstete, ihn wärmte, wenn er fror. Und er dachte daran, daß sie ein Kind von ihm trug. Er brachte es nicht über sich, die Frau zu töten, mochte sie tausendmal den Tod verdient haben.

»Geh«, sagte er zu seinem Sohn, »tu, was du die Tage sonst getan hast. Was geschehen ist, wissen nur wir drei. So soll es bleiben.«

· II ·

Es hätte kein weiteres Unheil geben müssen, doch Sudabe fand keine Ruhe. Der Schah besuchte sie nicht mehr. Das verletzte ihre Eitelkeit und ihren Stolz. Kai Kawus rief sie nicht zu Festen. Sie aber sehnte sich nach Ruhm und Glanz. So spann sie neue Ränke.

Im Harem lebte eine Sklavin, listig und ihrer Herrin treu ergeben. Sie war schwanger, trug aber das Kind ohne Freude. Sudabe rief das Weib zu sich — es war eine rechte Dewin — gab ihr Gold, versprach noch andere Schätze, nur sollte sie bei ihrem Leben schwören, nicht auszuschwatzen, wovon die Herrin sprach. Das tat die Sklavin.

»Das Kind in deinem Leibe ist dir lästig«, sagte Sudabe. »Was hindert dich, es loszuwerden. Du weißt um die Kunst, dich wieder schlank zu machen. Tu's, und es soll dein Schade nicht sein.«

Die Sklavin fand, angenehmere Worte hätte niemand zu ihr sprechen können. Sie küßte Sudabes Fuß und eilte freudig davon.

Nachts, als alles schlief, schlich sie beim Schein des Mondes in den Garten, riß Kräuter verschiedener Art, kochte daraus einen Sud, trank ihn, und alsbald kam sie mit zwei Kindern nieder. Sie waren tot.

Sudabe legte die so gewaltsam zur Welt gebrachten Kleinen auf eine goldene Schüssel, versteckte die Sklavin und warf sich laut klagend auf ihr Lager. Die Dienerinnen liefen herbei, jammerten und schrien ebenfalls, daß der Lärm bis zu Kawus drang. Er schreckte aus dem Schlaf, fragte, was das Geschrei zu bedeuten habe, und war zutiefst betroffen, als er den Grund erfuhr. Kaum stand er vor Sudabes Bett, schluchzte sie heftig und rief: »Nun sieh selbst, was Sijawusch getan hat. Du hast der Lüge geglaubt und die Wahrheit verstoßen.«

Kawus sah sein Weib elend auf dem Lager liegen, sah die toten Kinder, und neuer Zweifel erwachte in ihm. Er zog sich in seine Gemächer zurück, grübelte, lag schlaflos, bedachte dies und jenes, aber das Dunkle blieb dunkel. Da er das Rätsel allein nicht zu lösen vermochte, befahl er aus allen Teilen des Reiches Sternkundige zu sich und beriet den Fall mit ihnen. Die Mobaden trugen Tafeln herbei, stellten Astrolabien auf, berechneten Winkel, maßen Entfernungen, zogen Kreise, trieben dergleichen eine Woche hindurch und sagten schließlich zum Schah: »Wir erblicken einen Becher Wein, mit Gift gemischt, wissen aber dieses Zeichen nicht zu deuten. Die Sterne ziehen weite Bahnen, unser Geist ist eng. Nicht alles können wir fassen. Eines jedoch steht außer Zweifel: Die Kinder sind nicht von dir, sie sind auch nicht von Sudabe. Ihre Zeichen finden sich nicht in unseren Tafeln.«

Als die Königin den Spruch der Weisen erfuhr, rang sie die Hände und rief: »Mein Gemahl, ich will ertragen, daß du mich verstößt. Ich will schweigen, wenn mir der Thron genommen wird. Aber meine Kinder lasse ich mir nicht rauben.«

Sie spielte ihr Spiel geschickt. Kawus war nicht frei von Rührung. Doch die Sterne, mit diesem Wissen war er alt geworden, lügen nicht. So gebot er Sudabe zu schweigen und ließ im Harem nach einem Weibe suchen, das geboren haben könnte. Man fand die Sklavin und schleppte sie vor den König.

Kai Kawus versuchte, der Frau die Wahrheit zu entlocken. Er versprach ihr Freiheit, Reichtum. Sie leugnete, die Kinder geboren zu haben. Der König ließ sie schlagen, drohte, sie zu hängen, ihr den Leib zu zersägen. Das Weib rief immer wieder: »Ich habe nichts zu bekennen.« Die Mobaden hingegen befragten wieder und wieder die Sterne und behaupteten, die Kinder seien Kinder dieser Dewin.

So war die Sache am Ende verworrener als am Anfang, zumal Sudabe es verstand, den Grund noch mehr aufzurühren, damit das Wasser trübe blieb.

»Ich behaupte nicht«, sagte sie zu Kawus, »daß es den Mobaden an Geist und Einsicht fehlt. Vielmehr glaube ich, Furcht läßt sie Falsches sprechen. Ich bin allein, Sijawusch hat Rustam zum Beschützer. Der vermag selbst das Wasser des Nils aufzuhalten. Weh mir.«

Kawus rief noch andere Gelehrte an den Hof. Von diesen sagte schließlich einer: »Willst du die Wahrheit finden, mußt du den Stein auf den Krug werfen. Laß beide durchs Feuer reiten. Wer heil daraus hervorkommt, ist ohne Schuld. Der Himmel ist gerecht.«

Kawus war über einen solchen Rat nicht froh. Aber niemand wußte einen besseren. So befahl er Sudabe und Sijawusch vor den Thron und gab ihnen seinen Entschluß bekannt.

Sudabe hatte Mühe, ihr Erschrecken nicht zu zeigen. Noch bevor Sijawusch antworten konnte, rief sie: »Mein Beweis sind die zwei Fehlgeborenen. Sijawusch ist an der Reihe, sich vom Verdacht zu befreien.«

Sijawusch erwiderte: »Wenn mein Vater es befiehlt, werde ich hindurchreiten, wäre es auch ein Berg voll Feuer. Ich wollte lieber die Hölle wählen statt dieser Schmach hier.«

Kawus blickte lange auf den einen, dann auf die andere, und er dachte: Weib und Sohn sind mir gleich nah. Wenn eins von beiden nichts taugt, was nützt es mir dann noch, der Welt vorzustehen. Aber es ist besser, betrübten Herzens zu sterben, als in Schande zu leben. Und für den König gilt: »Herrschaft übe nicht mit zagem Sinn.«

Einer sagte es dem anderen. Aus ganz Iran eilten Leute herbei, begierig zu sehen, wie Wahrheit und Lüge voneinander geschieden würden. Karawane auf Karawane zog heran, die Kamele hoch beladen mit Holz, das zu zwei Bergen aufgeschichtet wurde. Als es Kawus ausreichend schien, gebot er, Naphtha über die Scheite zu gießen. Zweihundert Diener schürten das Feuer. Qualm stieg auf, und der Tag wurde zur Nacht. Dann aber schien die Erde zu brennen, die Menge schrie auf und wich zurück.

Sijawusch, in ein weißes Gewand gehüllt, ritt auf einem schwarzen Pferd bis zu seinem Vater. Er hatte das Tuch gleich einem Sterbekleid mit Kampfer bestreut. Die Iraner standen dichtgedrängt und weinten, als der Schah — das Gesicht bleich wie der Tod — den vor ihm knienden Sohn aufhob und in die Arme schloß. Vor dem flammenden Berg verhielt Sijawusch eine Weile mit gesenktem Haupt, dann spornte er den Rappen an. Ein Schrei erhob sich aus aller Munde, als das Pferd im Feuer verschwand.

Sudabe stand auf den Zinnen des Schlosses. Sie hörte den gellenden Ruf, wünschte laut, Sijawusch möge verbrennen, und war doch vor Schmerz um ihn selbst dem Tode nah. Die Menge vernahm Sudabes Fluch, und sie begann zu murren. Schon bewegte sich der eine und der andere finster auf den Thron zu, da hörte man den Ruf: »Seht, Sijawusch!« Ein goldener Kranich, so kam der Jüngling aus den Flammen. Zorn wandelte sich in Freude, Klage in Jubel. Es wurde gedrängt und gestoßen. Jeder wollte den Sohn des Schahs berühren, prüfen, ob ihn nicht Wasser vor der Glut geschützt habe. Doch sein Kleid war trocken. Und nicht ein Haar war ihm versengt.

Kawus lief seinem Sohn entgegen und schloß ihn glücklich ans Herz. Sudabe aber floh voller Entsetzen in ihr Gemach.

Drei Tage hindurch stand das Schloßtor für jedermann

offen. Die ganze Stadt war ein Festplatz. Am vierten Tag befahl Kawus Sudabe vor seinen Stuhl. Er war willens, sie hängen zu lassen. Noch aber gab sich diese nicht verloren, beteuerte ihre Unschuld, bezichtigte Sijawusch der Zauberkunst und erinnerte an den Wundervogel Simurg, der Destan Zal gerettet hatte.

»Zal«, rief sie, »ist Rustams Vater, Rustam Sijawuschs Erzieher.«

Ihr Gerede machte Kawus nur noch grimmiger.

»Kehrt ihr das Gesicht und hängt sie am Ende der Gasse«, befahl er.

Sudabe schrie vor Angst auf, als man ihr die Füße band. Da sah Sijawusch, wie der Schah erbleichte, und er erkannte, daß Kai Kawus sie liebte, war sie auch noch so falsch. Was der Zorn eingibt, währt nicht lange, dachte er. Ist Sudabe tot, weckt kein Arzt sie zum Leben. Am Ende gibt der Vater mir daran die Schuld und wird mich dafür hassen. Sijawusch kreuzte die Hände vor der Brust, verneigte sich vor Kai Kawus und sagte: »Als ich heil dem Feuer entrann, hast du mich an dein Herz geschlossen und gebeten, dir zu verzeihen. Deine Weisheit und deine Güte beschämen mich. Zürne mir nicht, wenn ich dich um etwas bitte. Schenk mir Sudabes Leben. Wer heute Schlechtes tut, vollbringt morgen Gutes. Nichts ist endgültig, nur der Tod.«

Der Vorwand war gefunden, wieder rückgängig zu machen, was der Schah bereits befohlen hatte. Die Mächtigen lieben es, groß zu erscheinen, wo sie klein sind, und weitherzig, wo es um den eigenen Vorteil geht.

Kawus gebot den Henkern Einhalt.

»Ihr habt gehört, worum mich Sijawusch bat«, rief er. »Ich stehe in seiner Schuld und löse sie ein. Ich schenk ihm Sudabe. Mag er befehlen, was geschehen soll.«

Und Sijawusch befahl, Sudabe in den Frauenpalast zurückzuführen, ihr alle Rechte zu belassen, die sie bisher genossen hatte.

· IV ·

Suhrab starb an seiner Einfalt, Sijawusch an seiner Freundlichkeit und Güte. Sie haben nicht zu beweisen vermocht, daß beides sich vertragen kann: ein großes Herz und große Macht. Was sie der Welt zurückließen, ist Hoffnung. Und das ist viel.

Es verging nur kurze Zeit, und Kawus verfiel wieder der Schönheit Sudabes. Noch wagte sie es nicht, am Hofe offen gegen Sijawusch zu reden. Doch manches flüsterte sie Kawus ein, und er war schwach genug, ihr mehr und mehr zu glauben. Da kam die Nachricht, Afrasiab rücke mit hunderttausend Kriegern gegen die Grenzen Irans. Der Schah fluchte dem Turaner, dem ein Eid nichts galt. Kai Kawus war des Kämpfens müde. Es gelüstete ihn nach Wein, guten Speisen und den schwarzäugigen Frauen des Harems. Er wollte diesen Krieg als letzten sehen, ihn selbst führen und Afrasiabs Namen für alle Zeit in der Welt löschen. Allein die Ratgeber des Schahs fürchteten, er könnte sich zu Leichtfertigkeiten hinreißen lassen. Afrasiab war gewitzt, Kawus den Turanern schon zweimal in die Falle gegangen. Sie meinten, es sei gescheiter, wenn der König blieb, wo er war, bei Sudabe. Den Krieg mochte ein anderer führen.

So lobten sie seine Tapferkeit und sagten: »O Schahrijar, der König ist im Lande wichtig, seine Weisheit, seine starke Hand. Afrasiab ist so gefährlich nicht, daß du selbst aufbrechen mußt, ihn zu schlagen. Wird es dennoch bedrohlich, bleibt dir Zeit genug, ihn zu töten wie einen Hund.«

Das war nicht dumm gesprochen, fand der Schah. Er sah sich im Kreise seiner Großen um, einen mit dem Feldzug zu beauftragen. Da trat Sijawusch vor und bat, ihm das Vertrauen zu schenken. Er hoffte, auf solche Weise Sudabes Ränken entfliehen zu können und durch einen Sieg über die Turaner das neu erwachte Mißtrauen des Vaters zu entkräften. Kawus war stolz auf seinen Sohn, nannte ihn

liebevoll »Licht der Iraner« und gab ihm zwölftausend der besten Reiter mit, dazu fünf Mobaden, vor allem aber Rustam, zu dem er sprach: »Sijawusch ist mir Auge und Seele. Als Kind hast du ihn vor Löwen und Krokodilen beschützt, hast ihn gelehrt, wie man das Pferd lenkt, den Speer schleudert, das Schwert führt. Nun vertraue ich dir meinen Sohn abermals an. Wenn er schläft, wach in seinem Zelt. Stürzt er sich in den Kampf, bleib an seiner Seite!«

Rustam erwiderte: »Sijawusch ist mir Suhrab. Eher will ich sterben als zulassen, daß ihm Unheil widerfährt.«

Sijawusch wählte noch siebzehntausend Männer aus Irans Fußvolk aus. Und als sie bereit waren, gegen Afrasiab zu ziehen, bat er seinen Vater, den Abschiedsgruß zu sprechen. Kai Kawus ritt durch die Reihen der Krieger und fand das Heer geschmückt wie eine Braut.

»Ihr Edlen«, rief er, »die Sterne mögen euch allzeit glücklich stehen. Der Himmel gebe euch den Sieg und eine frohe Wiederkehr.«

Er begleitete seinen Sohn drei Tage lang. Als sie voneinander schieden, weinten beide, und das Heer seufzte.

· V ·

Zunächst nahm Sijawusch den Weg nach Sabul. Dort weilte er einen Monat bei Destan Zal, vergnügte sich, während Rustam in seinen Ländern weitere Krieger sammelte.

Bei Balch stießen die Iraner auf ein turanisches Heer, das von Afrasiabs Bruder Gersiwas geführt wurde. Sie schlugen es und besetzten die Stadt. Der Dscheihun lag vor ihnen. Am anderen Ufer lagerte Afrasiab mit seinen Leuten, und Sijawusch drängte es, über den Fluß zu setzen. Aber von Kawus kam der Befehl, sich nicht unnötig in Gefahr zu begeben. Sie sollten das Heer beisammenhalten und den Angriff der Turaner abwarten.

Afrasiab fluchte Gersiwas, jagte ihn aus dem Zelt, weil er die Schlacht bei Balch verloren hatte und geflohen war.

Sijawusch und Afrasiab, sie zechten beide. Der eine aus Freude, der andere vor Wut. Betrunken und müde und begierig nach einer zweiten Schlacht, bei der er selbst das Heer der Turaner führen wollte, warf sich Afrasiab aufs Lager und schlief alsbald ein. Es mochten zwei Stunden vergangen sein, da schrie er laut auf. Erschreckt liefen die Wachen zu Gersiwas, und als dieser in das Zelt seines Bruders eilte, fand er Afrasiab auf dem Boden liegen. Der Schah stöhnte wie im Fieber. Es dauerte lange, ihn aus dem Schlaf zu rütteln, und als er endlich zu sich kam, barg er seinen Kopf an der Brust des Bruders und zitterte vor Angst. Was geschehen sei, wollte Gersiwas wissen, doch Afrasiab war nicht fähig zu sprechen. Er fror und schwitzte, seine Zähne schlugen aufeinander. Erst ein Balsam machte ihn ruhiger. Aber die Angst blieb. Er ließ Mobaden kommen, damit sie ihm den furchtbaren Traum deuteten, der ihn hatte brüllen lassen.

»Ich habe eine Schlucht gesehen«, sagte er, »angefüllt mit Schlangen. Der Himmel war schwarz von Adlern. Mein Zelt stand hart am Abgrund, bedrängt von einem mächtigen Heer. Da brach ein Sturm los in der Finsternis. Er riß meine Fahne aus dem Boden. Ein Blutstrom wälzte sich heran und trug mein Zelt fort. Iraner stießen mich vom Thron und schleppten mich gebunden vor Kawus. Neben ihm saß ein Jüngling. Er zog das Schwert gegen mich. Da schrie ich auf.«

Die Mobaden wagten nicht, Afrasiab den Sinn des Traums zu offenbaren. Erst als er schwor, den Spruch anzuhören, ohne zu toben, die Männer nicht zu strafen, sprach der Älteste von ihnen: »Das Heer der Iraner führt Sijawusch an, Kawus' Sohn. Stellst du dich ihm entgegen, wird sich die Erde vom Blut der Turaner wie Purpur färben. Selbst wenn du den Jüngling tötest, ist nichts gebessert. Zwietracht wird in Turan sein, das Land verwüstet werden, dein Thron zerbrechen. Wärst du auch schnell wie ein Vogel, dein Schicksal ist schneller.«

Der Spruch war deutlich, und Afrasiab wollte leben. Halte ich mein Heer zurück, dachte er, zügelt Sijawusch das seine. Mag also Friede sein, wenn auch Faridun das Reich ungerecht geteilt hat. Ich will mich begnügen. Reich mit Geschenken versehen, schickte er seinen Bruder Gersiwas zu Sijawusch.

»Seit Iredsch ermordet wurde, ist die Welt in Verwirrung«, ließ er sagen. »Das Hirn der Könige ist krank. Städte werden Steinhaufen, Rosenhaine verwandeln sich in Dornenfelder. Wir verderben das Wasser, und wir verderben den Wald. Die Hindin kann nicht mehr zur rechten Zeit gebären. Das Auge des Falken wird blind. Die Brüste der Tiere sind trocken. Die Erde soll endlich vom Krieg ausruhen.«

Angst machte den König der Turaner weise.

Sijawusch und Rustam empfingen Turans Gesandten freundlich. Allein sie trauten den Worten Afrasiabs nicht. Die Wandlung kam zu unerwartet. Zu viele Eide waren schon geschworen und gebrochen worden. Sie fürchteten einen Hinterhalt und baten sich eine Woche Bedenkzeit aus.

Als die Frist verstrichen war, ließ Sijawusch Gersiwas rufen und sagte: »Lob dem Herrscher, in dessen Herzen Vernunft wohnt. Melde Afrasiab, wenn kein Gift in dem Honig seiner Worte ist, mag er zum Beweis hundert Geiseln schicken. Rustam wird dir die Namen nennen. Zum zweiten muß Afrasiab sämtliche Provinzen Irans räumen. Der Dscheihun sei von neuem Grenzfluß. Nur so kann Friede sein. Tut Afrasiab, was wir fordern, schreibe ich an Kai Kawus, daß er mich und die Krieger heimruft.«

Das Begehren der Iraner brachte Afrasiab in arge Not. Rustam kennt sich in meinem Hause aus, dachte er. Er nimmt mir die kampferfahrensten Leute und engsten

Vertrauten. Gebe ich sie her, bleibe ich ohne Schutz. Die Turaner mißtrauten den Iranern nicht weniger als die Iraner den Turanern. Da aber ein Anfang gemacht werden mußte für eine mögliche Zeit des Friedens und Afrasiab, durch den Traum erschreckt, durch die Mobaden gewarnt, willens war, sich der Einsicht zu unterwerfen, schickte er die hundert Geiseln zu Sijawusch, gab ihnen reiche Geschenke mit, räumte die besetzten Städte und Gebiete und zog sich in das Innere Turans zurück.

· VI ·

Sijawusch sandte Rustam, denn er wußte, Kawus war Kawus, ein Mann der Laune, zu einer Stunde großherzig, zur anderen unbedacht und grausam. Wenn schon er auch nicht Lob erwartete, so wenigstens doch Billigung. Sie hatten eine Schlacht gewonnen und einen guten Frieden für das Land erwirkt.

Doch Kawus fühlte sich geprellt, und Sudabe in ihrem Haß auf Sijawusch bestärkte ihn in seinem Zorn. Es heißt, die Wangen des Kai Kawus sollen sich vor Wut schwarz gefärbt haben, als Rustam ihm die Botschaft brachte. Er wünschte den Untergang Turans und den Tod Afrasiabs. So zerriß er den Brief, den Sijawusch geschrieben hatte, und schrie: »Hat dich das Alter blind gemacht und dumm? Sijawusch ist unerfahren, ein argloser Träumer. Aber du! Hast du vergessen, was Afrasiab den Iranern ist? Bösem gilt Böses. Ihr aber laßt euch beschwatzen, den Verstand mit Gold abkaufen. Und die hundert Geiseln: schwache Söhne kraftloser Väter. Glaubst du, daß Afrasiab sich dadurch gehindert fühlt? Nicht mehr als ein Speer, der durch faules Holz fährt. Ich bin einem schlechten Rat gefolgt, nicht selbst auszuziehen. Aber noch ist nichts verloren. So hör denn: Für Sijawusch bestimme ich einen anderen Ratgeber. Ich befehle, mir die Geiseln zu schicken.

Sie sollen enthauptet werden. Ich befehle, die Geschenke ins Feuer zu werfen, daß Afrasiab der Rauch in die Augen beißt. Ich befehle, Turan zu brennen und zu plündern, den Schah zu hetzen, bis ihm die Kraft schwindet. Unsere Krieger sollen wie Wölfe in die Herde brechen.«

»O Schahrijar«, entgegnete Rustam, »du hast uns befohlen, nicht über den Dscheihun zu setzen, den Angriff der Turaner abzuwarten. Das haben wir getan. Doch statt des Krieges kam der Friede. Was immer Afrasiab dazu getrieben haben mag, er meint es ehrlich, tat, was wir als Zeugnis abverlangten, und tat es ohne Vorbehalt. Folge deiner Vernunft, nicht blinder Gier. Iran ist groß, du bist der König der Könige, laß es genug sein. Wasche die Erde nicht mit Blut. Verlange nicht von Sijawusch Verrat. Bricht er sein Wort, verliert er seinen Namen. Zerstöre nicht sein Glück, du zerstörst damit dein eigenes.«

Hier hätte Rustam enden sollen. Vielleicht, daß Kawus sich besonnen hätte. Es war genug gesprochen, und Kawus winkte ab. Das aber brachte Rustam auf.

»Was rede ich«, rief er, »Sijawusch ist hochherziger als sein Vater. Er wird nicht tun, was du von ihm verlangst.«

Der Jähzorn brachte Kai Kawus um jeglichen Verstand. Er brüllte, daß der Koch in der Küche erschrak, die Wache vor dem Tor, der Panther im Käfig.

»Die Schlange kriecht aus dem Loch«, brüllte er. »Sijawusch ist dein Werk: ein Weichling. Ihm gelten Frauen, Wein, eitler Tand. Er stellt selbst seiner Mutter nach. Ich wußte es schon lange, Iran gilt Rustam nichts, ihm gilt das Faulbett. Ich brauche dich nicht länger. An deine Stelle setz ich Tus Naudhar. Treibt Sijawusch dasselbe Spiel wie du, nehm ich ihm das Heer und rufe ihn zurück.«

Beschimpfung rankt sich an Beschimpfung. Heult der Wolf, brüllt der Tiger. Iran zählte nicht mehr. Es zählte der Stolz des einen wie des anderen und Rustams Trauer um Suhrab, seinen toten Sohn, den Kawus mit einem Balsam hätte retten können, es aber nicht tat. Kawus'

Mißtrauen galt, und Sudabes Haß und ihre falsche Rede. Getroffen wurde der, dem es gegeben war, der Welt zum Wohle zu regieren: Sijawusch.

»Nimm Tus, nimm, wen du willst, es gibt keinen zweiten Rustam«, gab der Geschmähte zurück, lief aus dem Saal und ritt mit seinem Gefolge nach Sabul.

Kawus aber schickte einen Boten zu Sijawusch, ihm zu melden, daß Rustam verjagt und Tus Naudhar beauftragt sei, dessen Stelle einzunehmen.

· VII ·

Was immer Sijawusch tat, er war so und so verloren. Beugte er sich dem Befehl des Vaters, starben hundert Unschuldige, und alle Welt nannte ihn wortbrüchig. Verweigerte er den Gehorsam, verlor er das Heer, mußte in Schande heimkehren und war der Verleumdung Sudabes preisgegeben. Er fragte den Himmel, aber der Himmel schwieg. Und da ihm Rustam als Ratgeber genommen war, blieb ihm keine Wahl, als selbst zu entscheiden. Fast noch ein Kind, unfähig, Ränken mit Schlauheit zu begegnen, furchtlos in der Schlacht, doch scheu, ja ängstlich vor der Tücke, beschloß er, sich zu verstecken. Er hoffte auf das Glück, jedoch es ist kein treuer Freund. Heut fällt es diesem zu, morgen jenem.

Sijawusch rief zwei seiner Vertrauten zu sich, trug dem einen auf, Afrasiab Geiseln und Geschenke zurückzubringen, ihn vor Kawus zu warnen und außerdem zu bitten, ihm, Sijawusch, dem Unglücklichsten der Unglücklichen, den Durchzug durch Turan zu gestatten, damit er irgendwo auf der Erde einen Ort fände, der einen Verfolgten aufnehme. Dem anderen Ritter vertraute Sijawusch den Befehl über das Heer an. Er möge verhindern, daß Unruhen ausbrächen, sagte er, und Tus Naudhar alles treulich übergeben.

Als Afrasiab Geiseln und Geschenke zurückerhielt, zugleich von Sijawuschs Bitte erfuhr, ließ er Piran kommen, einen treuen und klugen Fürsten, und fragte ihn um seine Meinung.

»Es ziemt mir nicht, dem Herrscher von Turan Rat zu geben«, erwiderte Piran, »doch wenn du wissen willst, was ich darüber denke, so sage ich: Kawus ist ohne Hirn. Von Sijawusch heißt es, er kenne keine Bosheit. Und es heißt, wer ihn sieht, muß ihn lieben. Das mag übertrieben sein. Die Leute plappern viel. Es bleibt jedoch, daß er die Geiseln, die Geschenke wieder hergibt, daß er dich warnt. Das ist mehr, als ein anderer tun würde. Er ist wert, in deinem Reich zu wohnen. Wo will er auch hin? Und bedenke, mein König, Kawus ist alt, Sijawusch hingegen jung. Nicht lange, und Iran wird ihm huldigen. Und wenn du weiter fragst, dann sage ich: Vermähle ihm deine Tochter. Es gibt nichts Besseres, um Turan und Iran zu versöhnen.«

Noch zögerte Afrasiab. Er dachte an den Spruch: Ziehst du einen jungen Löwen auf, dich wird's gereuen, sind seine Zähne scharf geworden.

Doch Piran war ein weiser Mann. Afrasiab gab etwas auf sein Wort. So lud er Sijawusch an seinen Hof. Er wolle, schrieb er, ihm alle Städte Turans auftun, ihm Freund und Vater sein. Sage doch der Mobad: Dem Mächtigen geziemt es, Gutes zu tun, so wird das Volk ihn ehren, und sein Name bleibt.

Sijawusch hörte Afrasiabs Botschaft mit Sorge. Ein Feind ist nicht dein Freund, dachte er, auch wenn er sich dir geneigt zeigt. Er liebte sein Land. Er liebte seinen Vater. Und er trauerte um seine Freunde. Aber ihm war kein Ausweg geblieben. So rief er die Großen des Heeres zusammen, beschwor sie, Vernunft zu wahren, dem Schah treu ergeben zu bleiben und Iran zu dienen. Ihn, Sijawusch, erwarte ein ungewisses Geschick. Der Leopard in der Wüste habe mehr Mitleid mit ihm als der eigene Vater.

Als die Nacht kam, schied Sijawusch mit sechshundert seiner Getreuen vom Heer. Die Fahnen wurden gesenkt, die Speere zerbrochen.

Afrasiab schickte dem Iraner Piran entgegen. Dieser empfing den Heimatlosen, wie man einen siegreichen Feldherrn begrüßt: Zimbeln und Drommeten, weiße Elefanten, ein blaues Banner mit dem Halbmond, ein Thronsitz von Türkis, Rosse, Waffengeklirr und Willkommensrufe. Sijawusch umarmte Piran, und der Turaner küßte ihm Gesicht und Füße. Sie wünschten einander Wohlergehen, den Segen des Himmels, jeder versicherte, des anderen Sklave zu sein. Der Tag war freundlich. Täler und Hügel dufteten. Flöten- und Lautenspiel erklang, Kinder streuten Blumen auf den Weg. Da gedachte Sijawusch der Zeit, als er mit Rustam durch Sabul gezogen war, voller Verlangen, zum Vater heimzukehren. Der Himmel war hell gewesen wie an diesem Tag, die Welt bunt. Er hatte nicht um das Böse gewußt, kannte nicht Hinterlist und Rachsucht, hatte Sehnsucht und Freiheit in sich gefühlt, konnte spielen und durfte lachen. Die Erinnerung an die Heimat zerriß ihm das Herz. Er wandte das Gesicht ab und weinte.

Piran ahnte, was in dem Jüngling vorging, und ihm wurde das Herz gleichfalls schwer. Schweigend ritten sie nebeneinander her. Der Greis fühlte sich zu Sijawusch hingezogen wie ein Vater, und Sijawusch war der Alte lieb. Wäre Piran nicht gewesen, Sijawusch hätte, kaum als Gast begrüßt, Turan wieder verlassen.

· VIII ·

Sijawusch besaß die Würde eines Königs. Er verabscheute Lüge und Betrug. Er vereinte in sich jugendliche Anmut mit ungewöhnlicher Kraft. Dafür wurde er geliebt, und dafür wurde er gehaßt. Afrasiab war dem Iraner bald so zugetan, daß er die turanischen Fürsten vernachlässigte.

Begab sich der König zur Jagd, ritt Sijawusch an seiner Seite. Hob Afrasiab den Becher, trank er Sijawusch zu. Suchte er Rat, fragte er Sijawusch.

Noch war kein Jahr vergangen, da steckten die Großen am Hofe die Köpfe zusammen und redeten heimlich miteinander: »Wie lange noch wollen wir zusehen, wie der Iraner um Afrasiabs Gunst buhlt. Von ihm kommt nichts Gutes. Mögen seine Sterne eine krumme Bahn ziehen!«

Piran wußte um die Mißgunst der Fürsten. Er wollte Sijawusch vor Schaden bewahren, deswegen sprach er eines Tages zu ihm: »Keiner ist Afrasiab lieb wie du. Noch ehe er einschläft, nennt er deinen Namen. Die Iraner lieben dich, hoffen auf deine Rückkehr. Die Turaner neigen sich dir zu. Doch du gleichst einem Reisenden in fremdem Land. Du bist ohne Frau und also ohne Verwandte. Erst sie machen dich stark, bewahren dich vor Arglist und Verderben. Afrasiab hat drei Töchter, und sein Bruder Gersiwas hat drei. Vier habe ich. Wähle eine von ihnen, jede wird glücklich sein, dich zum Manne zu haben.«

Sijawusch fand den Rat gut. Und da ihm Piran Vater und Freund war, nahm er dessen Tochter Dscharire zum Weib. Es wurde Hochzeit gehalten, und Mann wie Frau hatten viel Freude aneinander. Es schien, als sollte für Sijawusch eine glückliche Zeit beginnen. Mehr und mehr vergaß er Kai Kawus und Sudabe.

Das Murren der Großen an Afrasiabs Hofe wurde aber immer lauter. Kaum daß sie ihren Haß auf Sijawusch noch zu verbergen suchten. Piran sah es mit Sorge. Er glaubte den Jüngling sicher, wenn Afrasiab nicht nur sein Freund, sondern ihm verwandt wäre. So wartete er einen Tag ab, an dem der Schah sich Sijawusch besonders geneigt zeigte, trat, die Arme vor der Brust kreuzend, zum König und sprach: »O Freund der Verjagten, ich sehe, welche Freude du an Sijawusch hast und wie er dich liebt. Gib ihm deine Tochter Farangis zur Frau. Es wird dir und ihm und Turan zum Heil gereichen.«

یکی گوی در زخم چوگان فکند
بچوگان هم از گرد برگاشتش

Bei diesen Worten verfinsterte sich Afrasiabs Blick.

»Was du mir rätst, hast du mir schon einmal geraten«, sagte er. »Sterndeuter haben mir von einem Enkel gesprochen, der mich von Stadt zu Stadt, von Land zu Land treiben wird, so daß mir am Ende keine Zuflucht bleibt. Warum sollte ich einen Baum pflanzen, der giftige Früchte trägt. Farangis und Sijawusch werden einen Knaben haben. Weißt du, ob er ein Feind Irans oder Turans sein wird? Als Bruder ist mir Sijawusch willkommen, als Sohn nicht.«

»O Schrecken deiner Feinde«, erwiderte Piran, »vergiß deine böse Ahnung. Auch Mobaden und Sterndeuter wissen nicht die ganze Wahrheit. Dir wird ein Enkel geboren werden, dessen Stirn sich zum Himmel erhebt. Turaner und Iraner werden in Frieden leben, denn er wird Schah sein über beide Reiche. Warum fürchtest du dich? Was der Himmel beschlossen hat, geschieht.«

Sie redeten noch hin und her, bis der Schah zuletzt seine Einwilligung gab. So erhielt Sijawusch neben Dscharire auch noch Farangis zur Frau. Das Fest währte sieben Tage. In dieser Zeit schliefen weder Menschen noch Vögel, nicht einmal die Fische im Meer. Afrasiab schenkte Sijawusch einen breiten Streifen Lands bis nach Tschin hin. Und hinter Wüste und Meer, auf einem Berg am Rande einer weiten Ebene erbaute Sijawusch das Lustschloß Kangdiz, dazu die Stadt Sijawuschgird. Sie hatte Brunnen und Gärten, Bäder und Zypressenhaine. Es war, als hätte Sijawusch allen Schmuck der Welt an diesen Ort getragen. In dieser Stadt, heißt es, sei nie jemand krank geworden. Wer von ihr hörte, wollte zu ihr hin. Noch heute verlangt es die Menschen nach Kangdiz. Aber niemand findet es.

Eines Tages sprach Afrasiab zu seinem Bruder Gersiwas: »Reite nach Sijawuschgird und sieh, ob die Stadt ein solches Paradies ist, wie überall erzählt wird. Sijawusch, sagt man, sei ganz und gar Turaner geworden, habe Kawus vergessen und verlange nicht mehr nach Rustam. Verhält es sich so, dann bezeuge ihm Ehrerbietung.«

Gersiwas wählte tausend Reiter aus und begab sich nach Kangdiz. Sijawusch empfing ihn, wie ein Bruder den Bruder empfängt, und führte den Gast durch Schloß und Stadt. Da erwachte Neid in Gersiwas bei all der Schönheit und dem Reichtum, den sein Auge sah. Er gedachte der verlorenen Schlacht am Dscheihun, daß er vor Sijawusch geflohen war, Afrasiab ihn dafür geschmäht und schließlich mit Geiseln und Geschenken zu dem Iraner geschickt hatte, ihn um Frieden zu ersuchen. Und er sprach bei sich: Kein Jahr vergeht, und der Fremde hebt das Haupt in den Himmel, besteigt den Thron Turans. Laut jedoch sagte er: »Sijawuschgird überglänzt den Frühling. Ich kenne auf der Welt keine Stadt, die ihm gleichkommt.«

Zu dieser Zeit gebar Dscharire einen Sohn. Sie nannte ihn Firud, gebot, die Hand des Kindes in Safran zu tauchen, die Finger des Kleinen auf Seidenpapier zu drücken und es als Gruß an Sijawusch zu schicken. Der überschüttete den Boten mit Gold und rief in seiner Freude: »Möge mein Sohn dereinst König aller Könige sein!«

Gersiwas sah den Brief, hörte die Worte und schwieg.

Am folgenden Tag lud Sijawusch den Bruder des Schahs zum Ballspiel ein. Gersiwas warf den Ball, schlug mit dem Stock und schlug fehl. Dann warf Sijawusch. Er traf hart, und der Ball flog, als ob der Himmel ihn anzöge. Frohgelaunt rief Sijawusch seinen Leuten zu, es Mann für Mann gegen Gersiwas' Gefolge aufzunehmen. Nacheinander traten sie vor, und immer siegten die Iraner über die Turaner. Stolz auf seine Gefährten, befahl der junge Fürst, goldene Sessel herbeizutragen, Fahnen zu stecken und zu den Lanzen zu greifen. Bei jedem Sieg eines Iraners lachte er laut. Sijawusch war unbekümmert wie ein Kind.

»Erhabener Held«, sagte Gersiwas, »Sohn des Kai Kawus, es wird erzählt, keiner sei gewaltiger als du. Zeige den Turanern, wie man den Speer schleudert und den Bogen spannt. Mach einen Gang.«

Sijawusch kreuzte die Arme vor der Brust und erhob sich.

Nichts war ihm lieber, als mitzuspielen. Er ließ fünf Harnische zusammenbinden und am Rande der Kampfbahn aufstellen. Dann schwang er sich aufs Pferd, sprengte, den Speer hoch über dem Haupt haltend, auf sein Ziel zu und durchschlug mit einem Wurf die schweren Panzer. Er befahl, vier Schilde zu bringen, zwei aus Holz, zwei aus blankem Erz, trat hundert Schritt zurück, spannte siebenmal den Bogen und traf siebenmal. Seine Pfeile durchbohrten Holz und Stahl. Die Iraner jubelten. Die Turaner waren starr vor Staunen. Gersiwas aber sann Böses.

»Wohl«, sagte er, »du bist unübertroffen. Erfülle mir eine Bitte. Laß uns miteinander ringen. Es bereitet mir Lust, auch wenn ich nicht wage, auf den Sieg zu hoffen. Doch sei's, werfe ich dich zu Boden, mußt du mich als Stärkeren anerkennen, bezwingst aber du mich, betrete ich nie wieder einen Kampfplatz.«

Bei diesen Worten merkte Sijawusch auf. Nicht daß er Gersiwas fürchtete, er scheute sich, ihn vor den eigenen Leuten zu beschämen.

»Dein Pferd ist mir heilig, dein Helm teuer, du bist mir wert wie ein Bruder«, erwiderte er. »Nenne mir einen deiner Männer, mit ihm will ich kämpfen, nicht mit dir.«

Wieder und wieder verlangte Gersiwas nach dem gefährlichen Spiel. Doch Sijawusch wußte, kämpfen zwei Fürsten vor ihren Heeren, bleibt Spiel nicht Spiel. Lacht auch ihr Mund, in ihrem Herzen wächst Haß. So wiederholte er: »Ich ringe nicht mit dir.«

»Nun denn«, rief Gersiwas seinem Gefolge zu, »wer von euch wirft Sijawusch zu Boden?«

Ein Raunen erhob sich. Schließlich trat einer der Ritter vor, meinte spöttisch, es dürfte so schwierig nicht sein, und die Heere lachten. Sijawusch mußte glauben, die Männer lachten über ihn, wurde zornig und forderte Gersiwas auf, noch einen zweiten Turaner zu benennen, es gelüste ihn, gleich beide in den Staub zu legen. Gersiwas lächelte, sagte, dergleichen täte er nicht gern, er wolle das Ansehen seines

Gastgebers nicht leichtfertig gefährden, sprach und wußte doch, jetzt mußte Sijawusch kämpfen und unterliegen. Und ein zweiter Turaner trat in den Kreis. Die Iraner bangten um ihren König. Aber Sijawusch, ergrimmt über den Hohn, wuchs doppelte Kraft. Er packte den einen, hob ihn hoch über das Haupt und schleuderte ihn zu Boden, daß seine Knochen knackten. Dann stürzte er sich auf den anderen, faßte ihn bei Brust und Nacken und trug ihn, als wäre er leicht wie ein Vogel, vor Gersiwas. Dort ließ er ihn fallen und setzte sich lächelnd in seinen goldenen Sessel. Gersiwas' Lippen wurden schmal, die Wangen bleich. Noch blieb er in Kangdiz, zechte sieben Tage lang mit Sijawusch, doch als er am achten Tag aufbrach, sagte er zu seinen Leuten: »Den Iraner hat kein guter Stern zu uns gebracht. Was schlimm begonnen hat, wird noch schlimmer enden.«

· IX ·

Die Mächtigen schenken der Verleumdung leicht Gehör. Die Wahrheit hat es schwerer.

Haß machte Gersiwas ruhelos, Neid krank. Als Afrasiab ihn fragte, welchen Sinnes Sijawusch sei, antwortete er: »O Padischah, du schenkst deine Gunst einem falschen. Sijawusch wird von Tag zu Tag hochmütiger. Er leert den Becher auf das Wohl von Kawus, empfängt Gesandte von Rustam. Du hoffst auf Frieden, aber es droht Krieg. Iran und Turan sind Feuer und Wasser. Ich wünschte, ich könnte dir anderes melden.«

»Wärst du nicht mein Bruder«, erwiderte Afrasiab, »ich wollte dich als Lügner auspeitschen lassen.«

Und Gersiwas darauf: »Würde Turan auf diese Weise vor Unheil bewahrt, ich wollte es gern ertragen.«

Betroffen schwieg Afrasiab. Drei Tage lang ließ er niemanden zu sich. Sijawusch war ihm nicht nur ein Freund geworden, sondern ein Sohn. Warum sollte er seinen Sinn gewandelt haben, Güte mit Bosheit bezahlen, Herzlichkeit mit Niedertracht? Vielleicht, so dachte Afrasiab, ist es das klügste, ihn nach Iran zurückzuschicken. Das schien ihm ein Ausweg, und er war froh, ihn gefunden zu haben. Am vierten Tag rief er Gersiwas zu sich und gab ihm kund, was zu tun er gewillt war.

»Der Mobad sagt«, entgegnete Gersiwas, »den starken Gast verabschiede als Freund oder töte ihn, denn er hat, was man vor Feinden verbirgt, im Hause ausgespäht.«

Das war schlau geantwortet. Afrasiab fand keine Widerrede.

»Gut denn«, befahl er, »dann bringt mir Sijawusch an den Hof. Ich will ihn selbst prüfen.«

Doch auch dafür wußte Gersiwas einen Einwand.

»O Wächter des Reiches«, sagte er, »deine Güte blendet dich. Sijawusch ist nicht mehr Sijawusch. Er kommt mit einem Heer, wird dein Schloß bewohnen, du kannst derweil die Schafe weiden. Oder ist dir schon begegnet, daß ein Löwe bei einem Elefanten schläft.«

Wieder schickte Afrasiab seinen Bruder fort. Wieder sann er nach, und wieder ließ er Gersiwas rufen. Er hieß ihn ein zweites Mal nach Kangdiz reiten und Sijawusch melden, der Schah habe Verlangen, ihn und Farangis bei sich zu sehen. Seine Sehnsucht nach Sohn und Tochter wäre groß. Sie möchten jedoch ohne Begleitung kommen, denn er wolle sie ganz für sich allein haben. Gersiwas erkannte, daß es nicht klug wäre, Afrasiab abermals zu widersprechen. So verneigte er sich und sagte: »Du bist Herr, ich bin Knecht. Farangis ist auch nicht mehr Farangis. Doch du bist weise, o Schahrijar.« Noch am gleichen Tage machte er sich erneut auf den Weg nach Kangdiz.

Wenige Meilen vor Sijawuschgird rastete er und sandte einen Ritter zum jungen Fürsten. Gersiwas gab sich demütig, nannte Sijawusch einen Herrn, dem selbst Wasser und Wind gehorchten, und bat, ihm zum Willkommensgruß nicht entgegenzuziehen. Für eine solche Großmut sei er,

Gersiwas, von zu geringem Ansehen. Er trug dem Ritter auf, vor Sijawusch das Gesicht im Staub zu reiben. Und der tat, wie ihm geheißen.

Sijawusch hörte die Worte des Boten mit Befremden und Sorge. Er wußte das seltsame Verhalten Gersiwas' nicht zu deuten. Wer den Willkommensgruß ablehnt, bringt Böses, dachte er.

Kaum daß der Bruder des Schahs vor dem Palast erschien, eilte ihm Sijawusch entgegen, fragte, wie es ihm auf der Reise ergangen sei, nach Freuden und Unbill und allem, wonach zu fragen die Höflichkeit verlangt. Sie redeten, aßen, tranken und gaben sich heiter. Zuletzt nannte Gersiwas Afrasiabs Wunsch, und Sijawusch rief, die Sehnsucht seines Beschützers sei auch seine. Er bat den Gast, noch drei Tage Kangdiz zu genießen. Auf Erden sei Mühsal genug, drum solle man den Kummer verscheuchen, wo immer sich dazu Gelegenheit biete.

Eine solche Gunst verdiene er nicht, erwiderte der Turaner, jedoch er wage nicht, sie auszuschlagen. Insgeheim aber dachte er, kommt Sijawusch erst zu Afrasiab, wird es ihm nicht schwerfallen, den Argwohn des Schahs zu vertreiben. Dann droht mir Übles. Und er tat, als drücke ihn Schmerz, und er begann zu weinen.

Sijawusch war betroffen und drängte Gersiwas, ihm zu sagen, was ihn quäle. Sei ihm der Schah nicht gewogen, bedrängten ihn Feinde, was immer es sei, er, Sijawusch, wolle ihm beistehen wie der Freund dem Freund, der Bruder dem Bruder.

»O edler Fürst«, entgegnete der hinterlistige Turaner, »ich weine nicht um mich. Afrasiab ist mir gewogen, kein Feind droht mir. Das Herz wird mir schwer, denke ich an dich. Du bist ein Fremder in diesem Land. Laß dich durch die Pracht von Kangdiz und den Glanz von Sijawuschgird nicht täuschen. Tur hat Iredsch umgebracht, Manotschihr Tur. So geht es fort zwischen unseren Reichen. Haß bringt Haß, Mord bringt Mord. Trau Afrasiab nicht. Er ist gewalttätiger als alle Könige vor ihm. Du kennst ihn nicht. Bald wird er dir sein Gesicht enthüllen. Vergiß nicht, daß er seinen eigenen Bruder morden ließ und mit ihm viele Große des Reiches. Er zittert um seine Macht, und er fürchtet dich. Nimm deine Worte in acht, ja selbst deine Gedanken.«

Sijawusch war von dieser Rede so getroffen, daß er lachte.

»Du siehst die Welt, wie du sie siehst«, sagte Gersiwas. »Wer selbst nicht lügt, glaubt leicht, daß auch der andere nicht lügt. O mein Freund, ich wünschte, du wärst nicht ein solcher Träumer.«

Er seufzte, wandte sich ab und tat, als brächen ihm die Worte im Mund.

Sijawusch stand erstaunt und blaß. Ihn überfiel plötzlich Angst. Er liebte es zu leben. Er liebte Farangis, Dscharire, seinen Sohn Firud. Er liebte Kangdiz, die Rosenhaine, die Brunnen. Alles liebte er. Er war jung. Iran war ihm verschlossen. Nun verstieß ihn Turan. Die Welt wurde eng.

»Ich finde nichts, wodurch ich den Sipahbad erzürnt haben sollte«, sagte er. »Ich will ohne Heer und bloßen Hauptes vor ihn hintreten. Der verfinsterte Mond wird sich erhellen, wenn ich dem Schah mein Herz öffne. Seine Tochter ist meine Frau, ich sein Sohn, er mein Vater. Wie sollte das Meer plötzlich zur Wüste werden, Afrasiab zu meinem Feind?«

Der Löwe stürzt in die Grube, dachte Gersiwas. Und wieder weinte er und erbot sich als Vermittler. Sijawusch möge bleiben, wo er jetzt sei, und Afrasiab nicht in die Falle gehen, der vom Gastmahl rede und auf Mord sinne. Wenn er aber trotz der Warnung an den Hof kommen wolle, dann niemals ohne Heer. Genug, er, Gersiwas, sei bereit, die Laune des Afrasiab erneut zu prüfen. Der Schah sei heute so und morgen so. Ging's gut, nun gut, in diesem Falle schicke er einen Reiter zu Pferd, anderenfalls brächte ein Bote auf einem Laufkamel Kunde. Dann allerdings bliebe als Rettung nur die Flucht. Tschin sei hundertzwanzig Farasangen weit entfernt, Iran dreißig mal hundert und noch mehr.

Der Faden war gesponnen, und Sijawusch verfing sich. Er schrieb, wie Gersiwas ihm riet, einen Brief an Afrasiab. Farangis läge schwach und blaß und krank im Bett, schrieb er, unmöglich, sie in ihrer Not allein zu lassen. Bei aller Sehnsucht, die auch ihn bedränge, bitte er um Aufschub.

Bei noch so vielen Worten, der Brief war wenig überzeugend, die Ausflucht gar zu offensichtlich. Gersiwas hatte schon gewonnen, bevor der Schah das Schreiben las. Es hätte nicht einmal weiterer Lügen bedurft, Afrasiab zum Äußersten zu treiben. Sijawusch habe ihm, dem Abgesandten des Schahs, kein Willkommensgeleit entboten, berichtete Gersiwas, ihn vor der Tür warten lassen, inzwischen aber mit Boten aus Tschin und Rum freundlich getan. Wohin er auch geladen worden sei, stets hätte man ihm den letzten Platz zugewiesen, an der Tafel und vor dem Thron.

»Ein Heer sammelt sich, mein ehrenwerter Bruder«, sagte er.

Da brauste Afrasiab auf. Er hatte nur noch ein Verlangen: Sijawusch zu töten.

· X ·

Farangis erschrak. Noch nie hatte sie ihren Mann so bleich und am ganzen Leibe zitternd gesehen. Sie fragte, was geschehen sei, und als Sijawusch ihr alles erzählte, umfing sie ihn schützend mit ihren Armen.

»Was für Ratgeber sind meinem Vater beigegeben«, sagte sie. »Du mußt fliehen. Nicht nach Iran, Kai Kawus nennt dich einen Verräter. Nicht nach Tschin, das wäre Verrat. Flieh nach Rum. Dort schätzen dich die Fürsten. Ihr Name gilt etwas in der Welt.«

Sie drückte ihr Gesicht an das des Gatten, und beide weinten.

Sijawusch konnte sich nicht entschließen, Kangdiz zu verlassen. Noch hoffte er, der Irrtum werde sich aufklären, Wahnsinn sich in Vernunft kehren. Er setzte auf Gersiwas und setzte auf seinen Todfeind.

Bald brachten Späher die Meldung, Afrasiab eile mit einem Heer durch die Wüste auf Sijawuschgird zu. Wenig später erschien ein Kamelreiter, von Gersiwas gesandt, rief atemlos, es sei alles verloren, Sijawusch möge fliehen. Farangis drängte ihn, auch wenn sie vor Schmerz kaum zu sprechen vermochte. Und Sijawusch nahm Abschied.

Ein letztes Mal blickte er von Kangdiz auf die Stadt. Niemand besitzt die Kunst, die Nacht des Todes zum Tag zu wandeln, dachte er. Dann küßte er Farangis und sagte: »Meine Ahnung erfüllt sich, und mein Leben geht zu Ende. Ich war immer ein Fremdling in der Fremde. Ich werde daliegen ohne Leichenhemd, und kein Grabmal wird von mir künden. Seit fünf Monaten trägst du ein Kind von mir. Wenn es ein Knabe wird, nenn ihn Kai Chosrau. Er mag vollenden, was mir zu tun nicht gegeben war.«

Er riß sich von seiner Frau los, lief in den Stall, führte sein Pferd heraus, tötete alle übrigen, zerschlug mit dem Schwert Krone, Thron, alles, was ihm an Schätzen wert war, und ließ Kangdiz in Flammen aufgehen.

Sijawusch nahm den Weg nach Iran. Wenn sterben, so wollte er in seinem Land sterben. Aber er kam nur zwei Farasangen weit, da stieß er auf Afrasiabs Vorhut. Seine Leute wollten sich sogleich auf die Turaner stürzen. Doch Sijawusch gebot ihnen Einhalt. Sein Arm war stark, aber sein Herz müde. Als die Turaner auf ihn eindrangen, zog er nicht das Schwert. Er befahl seinem Gefolge, es ihm gleichzutun.

»Der Himmel hat mich dem Bösen preisgegeben«, sagte er, »mit dem Schicksal mag ich nicht streiten.«

Die Iraner starben ohne Gegenwehr. Von Wunden be-

deckt, sank Sijawusch vom Pferd. Man band ihm die Hände und schleppte ihn vor Afrasiab. Der Schah blickte auf den so elend Zugerichteten, und ihm kamen Bedenken, ob richtig war, was er tat. Ein Mobad warnte Afrasiab, den Unglücklichen zu töten.

»Rache gebiert Rache«, sagte er, »der Tod Sijawuschs wird über Turan kommen.«

Gersiwas aber flüsterte seinem Bruder zu: »Du hast der Schlange den Schwanz abgehauen und den Kopf zertreten, kleide jetzt ihren Rumpf nicht in Seide.«

Der Schah wußte nicht, welchem Rat er folgen sollte, und befahl, Sijawusch in einen Hundezwinger zu werfen.

Kaum hatte Farangis erfahren, was ihrem Mann zugestoßen war, eilte sie barfüßig zu Afrasiab, warf sich vor ihm in den Staub und rief: »Beim Schöpfer dieser Welt, Sijawusch ist unschuldig. O mein Vater, Schmeichler und Verleumder umgeben deinen Thron. Du tötest den Treuen und erhebst den Verräter. Am Ende stehst du ohne Freunde. Grausamkeit wird mit Grausamkeit bestraft. Denk an Sohak, an Salm und Tur. Noch lebt Kawus, noch Rustam. Warum suchst du dein eigenes Elend.«

Während sie vor dem Vater lag, erblickte sie Sijawusch, blutig geschlagen und in Ketten. Ihr Wehklagen wurde noch lauter.

»Wo sind die Schwüre, die ein Schah geschworen, wo seine Eide, wo Treue, wo Vaterliebe? Oh, wäre ich blind geboren!«

Afrasiab, durch die Anschuldigungen der Tochter völlig um den Verstand gebracht, hieß sie tollwütig und befahl, Farangis in eine finstere Kammer zu sperren.

Den Augenblick des Durcheinanders nutzte Gersiwas. Er gab einem Ritter Befehl, Sijawusch zu morden. Der zerrte den Gefesselten bei den Haaren in die Wüste und trennte ihm das Haupt vom Leib. An der Stelle, wo Sijawuschs Blut die Erde färbte, entsproß eine Blume. Noch heute nennt man sie die Blume des Sijawusch.

Achtes Buch

Kai Chosrau gibt sich als Narr, wird von Kai Kawus
zum Herrn über Iran bestellt und läßt seinen Feldherrn Tus Naudhar
in den Kerker werfen

· I ·

Sijawusch war tot.

Die Nachtigall in der Platane klagte, der Leopard in der Steppe. Und Kawus, als ihm die Nachricht gebracht wurde, zerriß sein Kleid. Hatte er einst seinem Sohn ob des Verrats gezürnt, Tus Naudhar mit dem Heer von Turans Grenzen zurückgerufen, jetzt weinte er und war für jede Tröstung taub. Rustam aber machte der Schmerz stumm. Ich gleiche dem Wächter, dachte er, der von einem Hügel ein zahlloses Heer nahen sieht, unfähig zu fliehen, obschon mich die Lanzen berühren. Er schickte die Freunde fort und die Spielleute, die Frauen und die Abgesandten ferner Länder. Er sprach nicht, er trank nicht, saß auf dem Thron, bleich und starr, und niemand wagte seine Trauer zu stören. So gingen sieben Tage hin. Am achten aber sammelte er sein Heer um sich. Schloßplatz und Stadt waren zu eng für das Gedränge.

»Ich schwöre, daß ich nicht mehr die Waffen niederlegen werde«, rief Rustam. »Ich will nicht den Staub von meinen Wangen waschen. Ich vertausche den Becher mit dem Schwert. Meine Krone soll der Helm sein. Die Welt soll leiden, wie ich leide.«

Wer ihn hörte, schrie in Wut und Schmerz auf.

Rustam ließ die Zimbeln schlagen und die Drommeten schallen. So kam er zu Kawus. Er ging, ohne daß dieser ihn daran zu hindern wagte, in Sudabes Palast, riß sie bei den Haaren, trat sie mit Füßen, schleifte sie im Staub und schlug ihr zuletzt das Haupt ab.

Kawus stöhnte laut auf.

»O Schahrijar«, sagte Rustam, »du hast eine schlechte Saat gesät. Besser, du lägst im Sarg, als daß dieses Weib dich und das Land länger beherrscht.«

· II ·

Farangis gebar einen Knaben und hieß ihn nach dem Willen seines Vaters Kai Chosrau. Afrasiab wollte das Kind töten, denn es war verheißen, ein Nachkomme Kai Kubads, dereinst Schah über Iran, von Rustam aus dem Gebirge geholt, werde ihn vom Thron stürzen. Piran aber sagte: »Der Kleine saugt noch an der Brust der Amme. Zum Sterben bleibt Zeit. Kai Kubads Stamm trägt viele Früchte. Nichts ist erreicht, wenn du den falschen tötest.« Das war geschickt gesprochen, und Afrasiab, der das Blut des Enkels nicht auf sich kommen lassen wollte, befahl, das Kind Hirten in den Bergen anzuvertrauen. Der Knabe dürfe niemals erfahren, welcher Herkunft er sei.

So wuchs Kai Chosrau in der Abgeschiedenheit auf. Als er sieben Jahre als war, schnitzte er Bogen und Pfeile und schoß Rehe und Fasane. Zehnjährig erschlug er mit dem Hirtenstab Tiger und Eber. Chosrau wurde immer ungestümer und fügte sich nicht in den Willen der Hirten. Sie kamen zu Piran und beklagten sich.

»Ein Adler taugt nicht für den Käfig, ein Löwe nicht für Schafe. Widerfährt dem Knaben Schlimmes, wirst du uns strafen.«

Da begab sich Piran in die Berge, hieß den Jungen waschen, ihm statt der Hirtenkleider kostbare Gewänder überstreifen und nahm ihn mit auf sein Schloß, wo auch, von Afrasiab verstoßen, Farangis lebte.

Wieder vergingen mehrere Jahre. Wieder befragte Afrasiab Sternkundige nach seinem Schicksal. Und wieder verkündeten sie ihm Unheil von einem Jüngling aus dem Stamme des Kai Kubad. Da befahl er Piran zu sich, und als dieser vor seinem Thron stand, sagte er: »Immer hast du an das Wohl deines Herrschers und das Wohl Turans gedacht. Du hast mir geraten, und ich bin deinem Rat gefolgt. Nun aber lebe ich in Sorge. Mein Verstand war blind, als ich Kai Chosrau den Hirten überließ. Wie weiß ich, ob der Sohn des Sijawusch nicht erfährt, was geschehen ist. Und wie weiß ich, ob er nicht für seinen Vater Rache an mir nimmt, stammt er doch von Faridun und Kai Kubad her.«

Piran kreuzte die Arme über der Brust und erwiderte: »Kai Chosrau ist ein Kind ohne Geist, einfältig und dumm. Er weiß nicht, was war und was werden kann, lebt unter den Schafen als Schaf. Erst gestern sagte mir sein Pflegevater: Der Knabe ist schön, doch in seinem Kopf ist kein Hirn. Sei also ohne Sorge, o mächtiger Herr über Turan. Und bedenke, was der Mobad spricht: Nicht wer das Kind zeugt, ist sein Vater, sondern wer es großzieht. Prüfe selbst die Wahrheit meiner Worte.«

Afrasiab gebot ihm, Kai Chosrau unverzüglich an den Hof zu bringen. Zwar gelobte er beim Mond und bei der Sonne, bei seinem Thron und seinem Leben, dem Knaben kein Leid anzutun, doch Piran kannte seinen König. Er eilte heim, setzte den Jungen neben sich und sagte: »Afrasiab ruft dich. Spricht er vom Krieg, antworte du von Ziegenmilch. Gib dich verrückt und toll. Kurz: Sei klug und zeige dich als Tölpel.«

Er hüllte Kai Chosrau in ein königliches Kleid und führte ihn zu Afrasiab. Als dieser seinen Enkel sah, schön und stark und mit leuchtenden Augen, schämte er sich. Er blickte den Knaben lange Zeit an und schwieg. Piran bangte um das Kind und wünschte ihm den Schutz des Himmels. Endlich faßte Afrasiab nach der Hand des Jungen, hieß ihn sich auf die Stufen des Thrones setzen und fragte freundlich: »Sag mir, woran erkennst du den werdenden Tag? Und wie geht es deinen Schafen?«

Kai Chosrau erwiderte: »Der Löwe hat spitze Zähne. Ich habe weder Pfeil noch Bogen.«

»Und wer sind deine Eltern?«

»Die Tiger haben scharfe Tatzen und sind fürchterlich.«

»Hast du genügend Gras für deine Herden? Wie heißt deine Mutter?«

»Der Hund beißt nicht, wenn ihm der Löwe droht«, sagte Kai Chosrau lachend.

»Möchtest du nach Iran reisen?«

Und Kai Chosrau: »Ein Fremder kam neulich in die Bergwüste.«

Afrasiab stellte die letzte Frage. Sie sollte entscheiden über Leben und Tod des Knaben.

»Wie rächst du dich an deinen Feinden?«

»Auf der Milch wird kein Rahm übrigbleiben. Ich will die Hirten vom Felde jagen.«

Da lachte Afrasiab laut und sagte: »Fürwahr, er ist ohne Hirn. Ich spreche vom Kopf, und er antwortet vom Fuß. Er taugt weder für Gutes noch Böses. Bring ihn seiner Mutter zurück. Sie mag mit ihm in Kangdiz wohnen.«

Zur selben Stunde noch entfernte Piran den Knaben aus Afrasiabs Nähe. In der Wüste küßte er die trockene Erde.

Das verödete Kangdiz blühte ein zweites Mal auf.

· III ·

Jedoch es kam, wie Farangis und andere vorausgesagt hatten. Die Iraner überschritten den Dscheihun. Städte brannten und Paläste. Der Rauch stieg wirbelnd auf bis an den Mond. Die Lanzenspitzen schmolzen. Die Schwerter glühten. Über den Schlachtfeldern lag der Dunst von vergossenem Blut. Rustam schlug das erste Heer der Turaner, und er vernichtete das zweite. Er ließ Surche, Afrasiabs Sohn, auf die gleiche Art töten, wie Sijawusch getötet worden war. Er erschlug Pirans Sohn und warf, die Turaner verhöhnend, den Toten mitten in ihre Reihen. Es starb der

Gerechte und der Ungerechte, der Tapfere und der Feige. Die Welt wurde finster.

Afrasiab floh vor Rustam bis an das Meer von Tschin. Sein Elend war groß, und wieder erwachte in ihm Furcht vor Kai Chosrau.

»Rustam wird den Gottverfluchten suchen«, sagte er zu Piran, »und ihn auf Turans Thron setzen. Bring ihn mir her.«

Piran jedoch, obschon durch die Iraner selbst schwer getroffen, riet Afrasiab, anderes zu tun. Es sei klüger, meinte er, den Jüngling nicht zu töten. Die Mordlust der Iraner würde sich verdoppeln. Die Städte würden brennen, die Wälder. Ja selbst die Wüste würde brennen. Der Schah möge Kai Chosrau an einem öden Ort verstecken, wo Rustam ihn nicht finden könne.

Also geschah es. Und Afrasiabs Leute schleppten Kai Chosrau und seine Mutter in die Wildnis der Berge.

Acht Jahre herrschte Rustam in Turan. Während dieser Zeit stritten in ihm Weisheit mit Unvernunft, Milde mit Haß. Er lebte nicht glücklich. Er schickte Leute aus, Afrasiab zu suchen. Doch dieser blieb verschwunden wie Kai Chosrau. Am Ende glaubte Rustam, der eine wäre tot wie auch der andere. Und da er alt war und der Herrschaft in der Fremde müde, kehrte er heim nach Sabul.

Kaum hatte Rustam Turan verlassen, hörte man allerorts wieder von Afrasiab sprechen. Mit Piran und wenigen Getreuen hatte er sich im Osten des Reiches verborgen und nahm nun erneut von seinem Thron Besitz. Diese Nachricht schreckte die Iraner. Rustam möge abermals über den Dscheihun setzen, forderten sie. Doch, wie gesagt, Rustam war alt und des Kampfes müde. Er blieb in Sabul.

Da aber Kai Kawus, als König schwach geworden, Afrasiab gleichfalls nicht entgegentrat, der immer frecher wurde, nun seinerseits den Dscheihun überquerte, in den Provinzen längs des Flusses raubte und mordete, verlangte das Volk nach einem neuen Schah. Es setzte all seine Hoffnung auf Kai Chosrau.

»Lebt Afrasiab, lebt auch er«, so sprachen Fürsten und Bauern, Hirten und Städter. Sie schickten Gew aus, Rustams Schwiegersohn, daß er Chosrau suche.

Gew kleidete sich als Pilger und irrte sieben Jahre lang durch Wüste, Gebirge und Steppe. Er nährte sich von Kräutern und Eselsfleisch, trank Sumpfwasser, hüllte sich in Felle und verbarg darunter seine Waffen. Schon wollte er nach Iran zurückkehren, denn er war ohne Hoffnung, dem Sohn des Sijawusch zu begegnen. Ja, er meinte, es gäbe gar keinen Kai Chosrau, die Sehnsucht des Volkes habe ihn erfunden. Da traf er in einem Tal auf einen Jüngling, und ihm schien, als stünde er vor Sijawusch. Gew bat den Fremden, ihm den nackten Arm zu zeigen. Als dieser es tat, sah Gew darauf das schwarze Mal der Kayaniden aus Kai Kubads Stamm. Da wußte er, es war Kai Chosrau. Und gemeinsam mit Farangis flohen sie der Grenze Irans zu.

Das erkannte Piran jetzt: Die Sonne leuchtet am Tag, der Mond in der Nacht. Wem der Thron Turans wert ist, darf Chosrau nicht schützen. Liebe tötet Liebe, und Treue tötet Treue, dachte er.

»Reitet den Flüchtenden hinterher«, rief er seinen Rittern zu. »Erschlagt Gew und Farangis. Chosrau aber bringt mir gefesselt an den Hof.«

Doch es war zu spät. Afrasiab nannte Piran einen Hund und jagte ihn von seiner Seite.

Kai Chosrau kam wohlbehalten zu Kawus, und die Großen des Reiches sanken vor ihm in den Staub. Die Straßen, durch die er ritt, waren mit seidenen Tüchern ausgelegt. Es duftete nach Moschus und Rosenöl. Auf den Dächern drängten sich die Menschen. Kawus umarmte seinen Enkel, küßte ihm die Augen und führte ihn zum Thron. Und ward einst Sijawusch von Afrasiab freundlich aufgenommen, so jetzt Farangis, die Turanerin, von Kai Kawus.

· IV ·

»Wähle einige Vertraute«, sagte Kawus zu Kai Chosrau, »und reise durch die Keschwars. Willst du einmal Schah sein, mußt du dein Reich kennen.«

Der Jüngling tat, wie ihm geheißen. Das Elend an der Grenze nach Turan war groß: die Städte verbrannt, die Felder verwüstet, die Menschen litten Hunger. Frauen weinten um ihre Männer, Kinder um ihre Väter. Alle fluchten Afrasiab und seinem Heer. Wohin er kam, schlug Chosrau inmitten der Not seinen Thron auf, gab reiche Geschenke, hieß die verödeten Felder bestellen und die zerstörten Häuser aufbauen. Er belohnte den Gerechten und bestrafte den Ungerechten. Den Hoffnungslosen schenkte er Hoffnung, den Verzweifelten Trost, und das Volk war ihm wohlgesinnt.

Zwei oder drei Jahre vergingen, da kehrte Chosrau an den Hof zurück, erzählte, was ihm begegnet war und wie er versucht hatte, den in Not Geratenen zu helfen. Kawus hörte ihm eine Weile zu, dann sagte er: »Du kannst nicht dem Sturm gebieten, sanft zu sein, der Feuersbrunst nicht, deine Hände zu wärmen, Afrasiab nicht, von Gewalt und Hinterlist zu lassen. Was du heute pflanzt, ist morgen zertreten, was du baust, nach kurzem eingerissen. Soll Frieden sein, muß Afrasiab sterben. Schwöre also beim gerechten Gott, bei Schwert und Thron, bei Sonne und Mond, daß du nie aufhören wirst, Afrasiab zu hassen, und nicht ruhst, bevor Sijawusch nicht gerächt ist, damit uns allen ewiger Frieden werde.«

Das gelobte Kai Chosrau, und sie trugen den Schwur ins Buch der Könige ein. Zal, Rustam und die anderen Fürsten bezeugten den Eid und drückten ihr Siegel auf die Blätter.

Kai Kawus, krank und der Herrschaft müde, überließ Chosrau den Thron. Der junge Schah rüstete zwei Heere aus, stellte dem einen Rustam vor und schickte es nach

Hindustan, um die Turaner von dort zu vertreiben. Den Befehl über das andere gab er Tus Naudhar. Dieser sollte nordwärts über den Dscheihun ziehen und Afrasiab angreifen. Da er aber die ungestüme Art Tus Naudhars kannte, sagte er: »Kämpfe mit dem, der dir Kampf bietet. Bauern und Händlern füge kein Leid zu. Gib nicht dem Schuldlosen schuld. Afrasiab aber und wer ihm anhängt, dem gönne keinen Tropfen Wasser, auch wenn er verdurstet. Und noch eins: Nimm nicht den Weg über Kelat. Auf einem Bergschloß dort lebt mein Bruder Firud mit seiner Mutter Dscharire. Ich will nicht, daß ihm Unheil widerfährt. Er kennt keinen der Großen Irans. Führe daher das Heer durch die Wüste. So wird es gut sein.«

Tus Naudhar versprach zu tun, was Kai Chosrau ihm aufgetragen hatte. Und das Heer zog dahin, Farasange auf Farasange. Sie gelangten an den Ort, wo die Straße sich in zwei Wege schied. Der eine führte durch die wasserlose Wüste, der andere lief direkt nach Kelat, lag im Schatten der Berge und war auch sonst bequem. Tus Naudhar entschied sich für diesen. Die anderen Fürsten gemahnten ihn an den Befehl des Schahs, doch der Feldherr winkte ab.

»Am Zechtisch läßt sich leicht gebieten«, erwiderte er.

Tus neidete Kai Chosrau den Thron, weil Kawus dem Enkel Afrasiabs Gürtel und Krone übergeben hatte und nicht ihm, dem Sohn des Schah Naudhar. Und er mißtraute Chosrau, war der doch zu einer Hälfte Iraner, zur anderen Turaner. So führte er das Heer auf den verbotenen Weg.

Bald erhielt Firud die Nachricht, Iraner rückten heran, ihre Reiterscharen, Elefanten und Dromedare füllten weithin Berge und Täler. Da Firud nicht wußte, ob sie als Freunde oder Feinde kamen, befahl er, alle Herden von den Weiden auf den Berg zu treiben, und verschloß die Tore der Burg. Dann lief er zur Mutter und fragte, was er weiter unternehmen solle, einem möglichen Angriff zu begegnen. Dscharire empfand immer noch großen Schmerz um Sijawusch und seinen Tod. Obwohl aus Turan stammend, neigte sie den Iranern nicht weniger zu als Afrasiabs Tochter Farangis. Deshalb sagte sie: »Kai Chosrau ist dein Bruder, und er schickt sein Heer nicht gegen dich, sondern gegen die Mörder eures Vaters. Sei also ohne Mißtrauen. Willst du dennoch sichergehen, forsche nach Bahram. Er war Sijawusch stets treu ergeben. Ist er unter den Iranern, dann vereinige deine Krieger mit denen des Kai Chosrau und verderbt Afrasiab, dem selbst der Vogel in der Luft flucht und der Fisch im Wasser.«

Da aber Firud keinen der Iraner von Angesicht zu Angesicht kannte, gab Dscharire ihrem Sohn den Sänger Tachwar mit, daß er ihm die Großen des Heeres zeige. Sie ritten aus dem Schloß und erwarteten, auf einem Felsvorsprung stehend, die Iraner. Firud staunte ob des Glanzes der fremden Ritter und war begierig, sie als Freunde zu umarmen. Aber die Sterne hatten für ihn anderes verheißen.

Tus Naudhar erblickte die zwei Männer auf dem Felsen, sah sie gewaffnet und ergrimmte.

»Reite den Felsweg hinauf«, rief er Bahram zu, der in seiner Nähe stand. »Finde heraus, wer die beiden sind und was sie vorhaben. Sind es zwei von den Unseren, die entweichen wollen, dann gib ihnen hundert Peitschenhiebe. Sind's turanische Späher, schleif sie her oder erschlag sie gleich.«

Bahram ritt zum Berg. Ihn kannte der Sänger Tachwar nicht, doch riet er Firud, den Mann freundlich zu empfangen. Als Bahram nahe genug heran war, rief er: »Wer seid ihr, daß ihr euch erfrecht, Tus Naudhar und seinem Heer zu trotzen?«

Firud erwiderte: »Du wirst nicht gewaltsam empfangen, also gib dich nicht gewaltsam. Ich bin nicht der Waldesel, du bist nicht der Löwe.«

Und da beide Pahlawane verständige Männer waren, redeten sie freundlich miteinander, nannten ihre Namen, und Firud ließ Bahram zum Zeichen der Aufrichtigkeit den schwarzen Amberfleck auf seinem Arm sehen, das Mal derer, die von Kai Kubad abstammten. Da beugte der greise Bahram das Knie vor dem Jüngling, und sie umarmten einander. Firud sagte, daß er mitziehen wolle, um an Afrasiab Rache zu nehmen. Doch Bahram war nicht sicher, ob Tus Naudhar den Bruder Kai Chosraus willkommen heißen würde. Er riet Firud, sich nicht unbedacht in Gefahr zu begeben, vielmehr hier zu warten, bis er, Bahram, ihm Nachricht brächte.

»Schickt Tus jedoch einen anderen als mich«, sagte er, »dann droht dir Gefahr. Gib auf dein Leben acht und zieh dich ins Schloß zurück.«

Bahram meldete Tus Naudhar, wer da auf dem Felsen stünde und worum er ansuche. Der Feldherr entgegnete zornig: »Ich befahl dir, den Turaner gefesselt herzuschleifen, du aber läßt dir von ihm Märchen erzählen. Wenn er der Herr ist, wer bin dann ich? Die Turaner sind allesamt listig und falsch.« Zu den Umstehenden sagte er: »Ich suche einen Mann, den es nach Ruhm verlangt. Gepriesen sei, wer mir den Kopf des Turaners vor die Füße legt.«

Es half nicht, daß Bahram Tus Naudhar warnte, ihn beschwor, Firud zu begegnen, wie es dem Bruder des Schahs zukäme. Die Unbesonnenheit des Heerführers war stärker als sein Verstand.

Zuerst ritt Rewniz, Tus Naudhars Schwiegersohn, gegen Firud. Dieser erkannte, daß der Iraner als Feind kam, spannte den Bogen und fragte seinen Begleiter, ob er den Ritter oder nur dessen Pferd treffen solle. Der Sänger riet dem Jüngling, auf Rewniz selbst anzulegen. Der Tod des Schwiegersohns, so glaubte er, würde Tus zur Besinnung bringen. Jedoch er irrte. Als Rewniz tödlich getroffen vom Pferd fiel, brüllte Tus auf. Der Berg vor seinen Augen wurde ihm dunkel. Er schickte seinen Sohn gegen Firud. Doch auch der Sohn starb durch einen Pfeil. Jetzt weinte Tus Naudhar. Er schwang sich aufs Pferd und jagte den Berg hinauf.

Da sprach Tachwar zu Firud: »Das ist der Feldherr selbst. Ihm hältst du nicht stand. Laß uns ins Schloß eilen.«

Aber der Jüngling zürnte dem Sänger ob eines solchen Rates, meinte, was Tus, was Elefant, einem Krieger stehe Feigheit nicht an, und spannte den Bogen und wollte den heranstürmenden Reiter töten. Doch Tachwar rief: »Fällt Tus Naudhar, werden dreißigtausend Iraner gegen dich sein. Und wärst du aus Eisen, es würde dir nicht helfen. Vom Schloß wird nicht ein Stein auf dem anderen bleiben. Töte nicht Tus, ziel auf sein Pferd. Zu Fuß wird er den Kampf nicht wagen.«

Also schoß Firud auf das Pferd und erlegte es. Tus Naudhar, den Schild auf dem Rücken, hinkte zum Heer zurück, hinter sich das Gelächter Firuds und der Frauen, die vom Schloß aus dem Geschehen zusahen.

Die Iraner waren froh, ihren Feldherrn, wenn auch nicht als Helden, so doch gesund wiederzuhaben. Gew aber schwitzte vor Zorn und Scham. Hatte er auch sieben Jahre lang Kai Chosrau gesucht und war ihm treu ergeben, nun meinte er, die erlittene Schmach müsse gerächt werden. Er war bereit, dem Bruder seines Schahs das Schwert in den Hals zu stoßen.

Als Firud den vierten Iraner gegen sich anrücken sah, sagte er: »Kommt Kai Chosrau nicht selber, diese Leute werden Sijawusch schlecht rächen. Ihr Feldherr ist ohne Verstand. Ist aber der Kopf dumm, kann man vom Leib nichts Kluges erwarten.« Er griff nach einem neuen Pfeil. Doch auch diesmal riet Tachwar, das Pferd zu treffen, nicht den Mann.

»Der dir nach dem Leben trachtet, ist Gew«, sagte er, »im Kampf erfahren und stark wie der Nil, wenn er überquillt. Farangis schenkte ihm Sijawuschs Kettenhemd. So ist er unverwundbar.«

Firud schoß, tötete das Pferd, und wie zuvor Tus, so humpelte nunmehr Gew den Berg wieder hinunter.

Jetzt raste Bezhan, Gews Sohn. Er vermochte die Schande seines Vaters nicht zu ertragen, schmähte ihn, und der schlug den Sohn mit der Peitsche. Bezhan ließ sich ein Pferd geben und hörte nicht auf die Warnungen des Alten. Lieber wolle er sterben als das Geschehene ungesühnt lassen, rief er. Als Gew sah, daß er nicht vermochte, den Ungestümen zurückzuhalten, ja daß dieser sich ohne ausreichenden Schutz in das Abenteuer stürzen wollte, streifte er ihm Sijawuschs Panzerhemd über und bat Gott, ihm das Kind zu erhalten.

Auch Bezhans Pferd stürzte, von einem Pfeil getroffen, tot zu Boden. Aber Bezhan kehrte nicht um, er rannte zu Fuß den Felsweg hinauf, lenkte einen zweiten Pfeil mit dem Schild ab und traf jetzt seinerseits Firuds Pferd. Nur mit Mühe konnten die beiden Turaner ins Schloß entkommen. Ein Steinhagel traf Bezhan, und er mußte sich wohl oder übel ins Lager der Iraner zurückbegeben. Tus Naudhar aber schwor, Firud und das Schloß und alle, die darin lebten, zu verderben.

In der Nacht hatte Dscharire einen schweren Traum. Flammen schlugen aus dem Schloß empor, Mägde und Ritter verbrannten, und der Berg Siped erbebte. Als der Tag anbrach, lief sie auf den Burgwall und sah ringsum die Lanzen der Iraner wie einen Wald. Von Angst getrieben, eilte sie zu ihrem Sohn.

Firud aber sagte: »Warum fürchtest du dich? Ist meine Zeit gekommen, kannst du nicht eine Stunde hinzulegen.«

Er brach mit tausend Leuten aus dem Schloß hervor. Doch als die Sonne hoch im Mittag stand, waren alle seine Gefährten erschlagen. Er selbst, auf den Tod verwundet, konnte noch einmal in die Burg fliehen. Die Mutter kam, und die Mägde kamen, und sie betteten ihn auf die Stufen des Throns. Das ganze Schloß hallte wider vom Weinen und Klagen der Frauen.

Firud sprach zu ihnen: »Es ist nichts geholfen, sich das Haar zu raufen und die Wangen zu zerfleischen. Die Iraner werden eindringen, plündern und euch gefangen fortführen. Wer also Liebe für mich fühlt, mag auf den Wall steigen und sich von der Mauer hinabstürzen, daß uns keine Schande zuteil werde.«

Wenig später starb er. Da rannten die Mägde auf die Zinnen und stürzten sich in die Tiefe. Dscharire durchbohrte ihren Leib mit dem Speer Firuds. Die Iraner fanden sie tot neben ihrem Sohn.

Lärmend und vom Sieg trunken zog Tus Naudhar inmitten seiner Krieger in Kelat ein. Doch als er den Leichnam Firuds erblickte — ihm war, als läge Sijawusch hingemordet — verstummte er, und ihn reute sein Jähzorn, der nichts als Leid gebracht hatte. Tus blieb drei Tage in Kelat, bereitete, die Gefallenen zu ehren, ein königliches Mahl, ließ sie bestatten und legte Trauer an. Am vierten Tag befahl er dem Heer, sich wieder zu rüsten. Wohin sie kamen, verwüsteten sie das Land und mordeten die Menschen.

· V ·

Sie stießen vor bis Kaserud. Dort in den Bergen aber kam Sturm auf. Schnee schüttete die Zelte zu, das Wasser gefror, und die Iraner litten große Not. Sie schlachteten ihre Pferde und tranken das warme Blut der Tiere. Der Himmel war finster, der Sturm knickte die Fahnen, viele Krieger starben. Niemand glaubte an Rettung, und alle fluchten dem Feldherrn, der sie einen Weg geführt hatte, den zu gehen Kai Chosrau verboten hatte. Bahram sprach aus, was die anderen dachten: »Firuds Tod kommt über uns«, sagte er. »Wer heute noch lebt, ist morgen schon gestorben. Die Schuld daran trägt Tus Naudhar.«

Am achten Tag jedoch legte sich der Wind. Die Sonne schien, und die Welt war wieder hell.

»Denken wir nicht mehr an vergangenes Elend«, sagte Tus. »Verwünscht sei das Land von Kelat bis Kaserud.«

Er sammelte den Rest seines Heeres und zog eilig weiter...

Inzwischen erhielt Afrasiab Nachricht, daß Turan Gefahr drohe. Er befahl Piran, das Reich zu schützen, und der zog den Iranern mit hunderttausend Kriegern in Eilmärschen entgegen. Vorausgeschickte Späher meldeten, daß die Feinde sorglos lagerten, keine Posten gestellt hätten und reichlich zechten. Da lachte Piran das Herz, und er dachte: Läuft dir das Glück übern Weg, greife schnell zu. Er wählte dreißigtausend seiner besten Leute aus und rückte nachts ohne Lärm gegen die Iraner vor. Zuerst stießen sie auf die Herden, töteten die Hirten und jagten die Pferde in die Steppe. Dann fielen sie über die betrunkenen Krieger her. Wer sich zu retten vermochte, flüchtete aus der Ebene in die Berge. Vergeblich suchte Tus die Männer zurückzuhalten, zuletzt floh auch er. Zwei Drittel des Heeres waren niedergemetzelt, die anderen verwundet, kaum bewaffnet und ohne Pferde. Die Fahnen waren zerrissen, die Pauken umgestürzt. Der Vater weinte um den Sohn, der Sohn um den Vater.

Als ein Bote Kai Chosrau meldete, was sich zugetragen hatte, ergriff ihn tiefer Schmerz um seinen Bruder Firud und um den Verlust des Heeres. Die ganze Nacht über stieß er Verwünschungen gegen Tus Naudhar aus, und als der Morgen anbrach, schrieb er einen Brief an die Überlebenden. Er beauftragte Fariburs, den Bruder des Kai Kawus, mit der Führung des Heeres, gebot ihm, sich in den Bergen versteckt zu halten, jedem Kampf mit den Turanern auszuweichen und die Verwundeten sich kräftigen zu lassen. Tus Naudhar aber befahl er an seinen Hof, er sollte dem Heer künftig weder gebieten noch raten.

Tus Naudhar, in Schande abberufen, widersetzte sich nicht dem Gebot. Er übergab Fariburs die Fahne des Schmieds Kawe, den Siegelring, die goldenen Sandalen des Feldherrn und sagte: »Dein Stern möge dir günstiger sein als mir der meine.« Dann machte er sich mit wenigen

Vertrauten auf den Weg zu Kai Chosrau. Vor diesem warf er sich demutsvoll in den Staub. Aber der Schah nahm den Blick von seinem Feldherrn und sagte: »Was ist mir Tus Naudhar, was ein Hund! Firud hätte nicht dein Pferd treffen sollen, sondern dich. Ich will deinen Namen aus der Zahl meiner Großen streichen. Du seist verflucht. Wärst du nicht aus Manotschihrs Geschlecht, ich würde dich hängen lassen.« Den Dienern aber rief er zu: »Werft ihn in den Kerker!« Und so geschah es.

Neuntes Buch

Bezhan wird von Afrasiabs Tochter in den Harem entführt,
vom turanischen Schah in einen Brunnen geworfen
und erfleht Hilfe von einem Händler

· I ·

Sijawusch war gemordet, Firud erschlagen, das Heer der Iraner von Piran auseinandergejagt. Die Welt war vor sich selbst erschrocken. Die Zunge der Zeit schien auf ewig stumm. Doch so spricht der Mobad: »Nichts ist dem Menschen auf Dauer gegeben, das Glück nicht, und nicht das Unglück.« Noch frohlockte Afrasiab, da schlossen die Sterne wieder ihren Bund mit den Iranern.

Einst saß Kai Chosrau mit den Großen des Hofes im Saal und vergnügte sich bei Wein, Gesang und Lautenspiel. Da baten Armenier um Einlaß, und als ihnen die Bitte gewährt wurde, warfen sie sich dem Schah zu Füßen und flehten um Hilfe.

»Großmächtiger«, rief einer von ihnen, »Beschützer der Armen, wir kommen aus Irman. Wald, Weide und Feld gaben uns bisher reichlich Nahrung. Nun drangen von

Turan her Eber in unser Gehege. Ihre Zähne sind wie die von Elefanten, ihre Leiber wie Berge. Sie verwüsten unser Land. Wo sollen wir Hilfe finden, wenn nicht bei dir, o Herr, der du ewig leben magst.«

Kai Chosrau verspürte Mitleid mit den Bauern. Er befahl seinem Schatzmeister, Juwelen auf eine goldene Tafel zu häufen, zehn der besten Rosse zu bringen und sie mit seidenen Decken zu schmücken. Dann blickte er sich im Kreise der Pahlawane um und sagte: »Diese Schätze gehören dem, der sie durch Mut erwirbt.« Aber niemand wagte, sich den Ebern zu stellen. Da stand Bezhan auf, Gews Sohn. Er hatte, die Schande seines Vaters zu tilgen, Firud in die Flucht geschlagen. Ob Drachen, ob Sauen, ob Ritter, ihm galt eins wie das andere bezwingbar. Gew fürchtete jedoch für das Leben seines Sohnes, meinte, eine solche Tat stünde erfahrenen Männern an, nicht eilfertigen Jünglingen. Allein Bezhan widersetzte sich seinem Vater, wie er es auch auf dem Berge Kelat getan hatte, und vor dem Schah wagte Gew nicht, ihn mit der Peitsche zu züchtigen.

Kai Chosrau gab dem jungen Mann einen Fürsten an die Seite, mit Namen Gurgin, damit dieser ihm den Weg nach Irman zeige. Sie ritten über Berge, durch Wälder und Steppe, erlegten unterwegs Wildesel, Rehe, Fasane und fanden noch manch andere Lust auf ihrer Reise. Schließlich gelangten sie in die Gegend, wo die Eber den Boden aufwühlten und die Menschen schreckten. Bezhan rüstete sich alsgleich zum Kampf mit den Ungeheuern und sagte zu Gurgin: »Nimm die Keule, geh zum Teich und gib gut acht. Ich will indes die Eber mit meinem Bogen schießen. Entwischt mir einer, zerschmettere ihm den Schädel.«

Gurgin aber erwiderte: »So war's nicht beredet. Chosrau gab mir den Auftrag, dir den Weg nach Irman zu zeigen. Du nahmst Edelsteine und Pferde für dich, also schlag dich auch allein.«

Darüber erzürnte Bezhan und stürmte in den Wald, auf

die Eber zu. Dem Regen gleich schickte er seine Pfeile gegen die Sauen und schlug mit dem Schwert auf sie ein. Die Eber warfen mit ihren Zähnen die Erde empor, grunzten laut und rannten wild gegen Bezhan an. Über dem Wald stieg Dampf auf, so tobte der Kampf. Am Ende lagen die meisten der Tiere tot, die anderen bluteten aus großen Wunden und flohen. Bezhan brach den Ungeheuern die Zähne aus, um sie zum Zeichen des Sieges dem Schah zu bringen.

Gurgin sah dies alles mit Scham und Neid. Er fürchtete um seinen Ruf, denn von nun an würde er am Hofe nicht mehr wert sein als Staub unter Kai Chosraus Füßen. So suchte er Bezhan zu verderben, damit dieser ihm nicht schaden könne. Er stellte sich freundlich, pries die Tat des Jünglings und sagte dann: »Ich war schon oft in dieser Gegend, mit Rustam und deinem Vater und Tus Naudhar. Wir haben hier manches Vergnügen gehabt. Nur zwei Tagesritte entfernt, in Turan, liegt ein Lustort. Die Wiesen leuchten grün und goldrot in der Sonne. Die Flur glänzt seiden, die Luft ist würzig, die Flüsse duften wie Rosenwasser. Die Jasminzweige hängen schwer von Blüten. Auf Heide und Berg spielen Mädchen, Feen gleich. Unter den Schönen die Schönste ist Manezhe, Afrasiabs Tochter. Ihr Antlitz gleicht der Rose, ihr Mund süßem Wein, ihr Leib dem Wuchs einer Pinie. Wolltest du, reiten wir in dieses Paradies und bringen Kai Chosrau einige der Mädchen zum Geschenk.«

Bezhan war jung, und die Jugend riß ihn fort. Sie ritten zu jenem Platz, ergötzten sich zwei Tage an der Jagd, so lange eben, bis Manezhe mit ihren Begleiterinnen erschien. Bezhan warf ein prächtiges Gewand über, schmückte sich mit Spangen, Ohrgehängen, einem Halsband und setzte sich unter eine Zypresse nahe dem Zelt der Königstochter. Es dauerte nicht lange, da gewahrte das Mädchen den schönen Jüngling, und ihr Herz neigte sich ihm in Liebe zu.

»Eile zu dem Fremden«, befahl sie ihrer Amme, »und frage ihn, ob er Sijawusch sei oder der Sohn einer Fee. Seit ich hier das Frühlingsfest feiere, begegnete ich keinem anmutigeren Ritter.«

Die Amme brachte Bezhan den Gruß ihrer Herrin, und er sagte ihr, wer er sei und was ihn hergetrieben. Er versprach der Frau reichen Lohn, wollte sie erwirken, daß er Manezhe nahe sein könne. Er wußte nicht, daß Afrasiabs Tochter ebenso nach ihm verlangte wie er nach ihr. Die Amme brachte ihn zu ihrer Gebieterin, und das Mädchen umarmte Bezhan, entgürtete ihn und wusch ihm die Füße mit Rosenwasser. Sie aßen, tranken alten Wein aus kristallenen Bechern, und Mägde erfreuten sie mit Tanz und Spiel. So verbrachten sie drei Tage und drei Nächte im Zelt der Königstochter, waren fröhlich und voller Liebe zueinander.

Es kam aber die Zeit, da sie sich trennen sollten, doch Manezhe wollte von ihrem Geliebten nicht lassen. Und da sie auch Bezhan traurig sah, hieß sie die Mägde aus Kräutern einen Saft bereiten. Sie reichte dem Jüngling den Becher, und als er daraus getrunken hatte, fiel er alsbald in tiefen Schlaf. Sie wickelte den Betäubten in Tücher, bettete ihn in ihre Sänfte und brachte ihn unbemerkt in Afrasiabs Frauengemach. Als Bezhan erwachte und erkannte, wo er sich befand, fluchte er dem falschen Gurgin. Manezhe jedoch umgab ihren Gefangenen mit so viel Liebe, daß er bald seine Sorgen vergaß und nicht mehr an den Galgen dachte, der ihm drohte.

So verging eine Zeit bei heimlichen Festen und lustvollem Spiel. Da aber wurde der Torhüter des Harems mißtrauisch ob des sonderbaren Verhaltens der Herrin und ihrer Mägde. Er spürte dem Geheimnis nach und kam bald auf den Grund. Um sein eigenes Leben zu retten, lief er zu Afrasiab, warf sich vor ihm in den Staub und erzählte, was sich im Frauengemach tat.

Zorn ließ Afrasiabs Gesicht schwarz werden. Dann aber

dachte er, Ohr und Auge sind nicht gleich. Er befahl Gersiwas, in die Gemächer seiner Tochter zu eilen, um zu prüfen, was an dem Gerede wahr sei. Fände er dort in der Tat einen der iranischen Hunde, möge er ihn binden und vor den Thron schleifen. Gersiwas rannte sogleich zum Harem, schlug das verriegelte Tor mit der Faust ein und stürzte in Manezhes Gemächer. Er fand Bezhan neben Afrasiabs Tochter sitzen, den Becher in der Hand, und um die Liebenden herum dreihundert Mägde bei vergnüglicher Laune.

»Elender«, schrie er, »jetzt bist du dem Löwen in die Klauen geraten.«

Bezhan erschrak und wurde bleich. Außer einem Dolch trug er keine Waffen bei sich. Er zog ihn und schrie gleichfalls: »Willst du Streit, sollst du ihn haben. Doch führst du mich friedlich zum Schah und gelobst du, Afrasiab um mein Leben zu bitten, geb ich mich ohne Kampf in deine Hände.« Gersiwas dachte, der Iraner ist so und so verloren, schwor den Eid, und Bezhan ließ sich ohne Gegenwehr binden. So kam er vor den Herrscher Turans. Und als dieser ihn drohend fragte, was er hier suche und wie er hergelangt sei, erwiderte Bezhan: »O Höchster aller Hohen, Wunderliches ist mir widerfahren. Ich bin nicht aus eigenem Willen hier. Ich folgte einem Falken, der mir entflog. Er lockte mich von Wald zu Feld und von Feld zu Wald. Als ich im Schatten einer Zypresse ruhte, kam eine Fee, schlug ihre Flügel um mich und trug mich fort. Da begegnete uns der Troß deiner Tochter. Die Fee warf mich in Manezhes Sänfte und legte über uns beide einen Zauber. Als ich erwachte, war ich in deinem Schloß.«

»Um deinen Kopf zu retten, redest du wie ein Betrunkener«, gab Afrasiab zur Antwort.

Bezhan erkannte, daß Märchen einen Tiger nicht zum Lamm wandeln. Also bat er, ihn von den Fesseln zu befreien, ihm ein Pferd zu geben und Keule und Schwert, das stünde ihm, Gews Sohn, zu. Er wolle sich tausend Turanern in redlichem Kampf stellen. So sei es Brauch unter Königen und Fürsten aller Länder. Afrasiab aber wandte sich seinem Bruder zu und sagte: »Treib ihn gefesselt, wie er ist, vors Tor und hänge ihn. Jedem Iraner mag künftighin die Lust vergehen, den Dscheihun zu überqueren.«

Sie stießen den Jüngling zum Galgen, und er beklagte laut sein Schicksal.

»Weh meiner Jugend,
weh meinem Ruhm,
weh meinem Vater,
weh meinen Freunden!
O Wind, lauf nach Iran.
Sag, daß Bezhan gemordet ist
und was Gurgin an mir verbrochen hat.
Lauf, Wind!«

Schon hob man für den Galgen eine Grube aus, da kam Piran des Wegs. Er fragte, für wen der Pfahl bestimmt wäre. Und als Gersiwas zur Antwort gab, es sei Gews Sohn, der gehängt werden solle, trieb Piran sein Roß zur Stätte der Hinrichtung. Bezhan stand unterm Galgen, nackt, die Hände auf den Rücken gebunden, die Wangen bleich, die Lippen trocken, und Piran fühlte Mitleid mit dem Unglücklichen. Warum er hierhergekommen sei, wollte er wissen, und Bezhan erzählte von seinem Kampf mit den Ebern, von der Heimtücke Gurgins und von Manezhes Schlaftrunk. Da gebot Piran den Henkern, von ihrem Tun abzulassen, so lange wenigstens, bis er selbst mit Afrasiab gesprochen hätte. Die Leute wagten nicht, sich seinem Befehl zu widersetzen.

Piran eilte in den Palast, trat, die Hände vor der Brust gefaltet, wie ein Diener zum Schah und rief laut Ruhm und Heil über ihn. Nach dem Sieg über die Iraner war Afrasiab seinem Feldherrn wieder wohlgesinnt. Was er begehre, fragte der Schah, alle Schätze des Reiches stünden ihm offen. Piran erwiderte: »Nicht für mich zu bitten komme ich, o Schahrijar. Wer dir dient, besitzt Reichtum und

Glück in Fülle. Sorge um dich und Turan treibt mich her. Schenke Gews Sohn das Leben, damit nicht ebensolches Unheil auf uns fällt wie nach dem Tod des Sijawusch. Noch ist Rustams Schwert nicht rostig, sein Speer nicht stumpf.«

Bei diesen Worten wurde Afrasiabs Blick finster.

»Du weißt, welchen Schimpf mir der Iraner angetan hat«, sagte er. »Schon jetzt lacht man heimlich über mich. Lasse ich Bezhan am Leben, wird niemand mehr den Hohn zu verbergen suchen. Es ist ein schlechter Rat, den du mir gibst.«

»Wohl gesprochen, o weiser Gebieter«, entgegnete Piran. »Doch es gibt Schlimmeres als den Tod am Galgen. Leg den Iraner in schwere Ketten und wirf ihn, allen zur Warnung, in den Kerker. Sein Name wird aus jedem Buch gestrichen werden.«

Dieser Rat gefiel dem Schah. Er befahl Gersiwas, den Frevler an einen Marterblock zu schmieden, in einen Brunnen zu werfen und diesen mit einem Fels abzudecken, damit nicht Sonne noch Mond auf den Gefangenen scheine. Manezhes Gemächer aber sollten geplündert, sie selbst, bis aufs Hemd nackt, zur Grube geschleift werden. Und Gersiwas tat, wie ihm geheißen ward.

Jeden Tag, wenn die Sonne aufstieg, lief Manezhe von Tür zu Tür und bettelte um Brot für sich und den Geliebten. Von den kärglichen Speisen, die ihr gereicht wurden, steckte sie das Beste durch einen schmalen Spalt in die Grube und erhielt so Bezhan kümmerlich am Leben.

· II ·

Unterdessen suchte Gurgin, den Reue ankam, überall nach Bezhan. Er fand jedoch nur dessen Pferd, das mit zerrissenen Zügeln und herabhängendem Sattel den Bach entlangtrabte. Gurgin fing das Tier ein und ritt besorgten

Sinnes nach Iran. Die Kunde von seiner Heimkehr und Bezhans Unglück gelangte schneller zu Gew als Gurgin selbst. Schmerz und Zorn erfaßten den alten Mann. Er jagte Gurgin entgegen. Der warf sich vor Gew in den Staub und flehte, man möge ihn anhören, bevor man gegen ihn das Schwert zücke. Seltsames habe sich zugetragen. Und so war sein Bericht: »Wir kamen nach Irman und fanden ein Feld, kahl wie die Hand. Die Bäume waren zerbrochen, die Erde ringsum war aufgewühlt. Als die Eber uns erblickten, stürzten sie sich wild schnaufend auf uns. Wir kämpften den ganzen Tag mit den Ungeheuern, töteten sie zuhauf und brachen ihnen die Zähne aus. Dann machten wir uns wieder auf den Weg nach Iran. Mit einem Mal stürmte ein Wildesel aus dem Gebüsch. Sein Hals war wie der eines Löwen, seine Brust wie die des Wundervogels Simurg. Sein Lauf war so schnell wie der Wind. Bezhan gelüstete es, den schönen Esel zu fangen. Er warf ihm den Strick um den Hals. Tier und Reiter stürmten dahin. Staub wirbelte auf, und Feuer schlug hoch, daß mein Auge blind wurde. Ich fand später nur noch das Pferd mit zerrissenem Zügel und verdrehtem Sattel. Da erkannte ich, daß dieser Wildesel ein Dew gewesen war, und kehrte bangen Herzens um.«

Gew sah Gurgins unsteten Blick, die zitternden Hände, sein bleiches Gesicht, und er merkte, daß Gurgin log. Es verlangte den Greis, ihm den Dolch in den Hals zu stoßen. Aber dann dachte er, was hilft sein Tod meinem Sohn. Mag Kai Chosrau entscheiden, was geschehen soll. Er fluchte Gurgin, nannte ihn Lügner und Bösewicht und trieb den Ängstlichen vor sich her zum Schah.

Gurgin küßte dem Herrscher die Füße, legte die Eberzähne vor dem Thron nieder, die doch Bezhan gehörten, und erzählte die gleiche Lüge. Allein auch Chosrau erkannte, daß in der Rede des Mannes nicht ein Wort zum anderen paßte. Er befahl, den heuchlerischen Begleiter zu binden und in ein Verlies zu sperren. Zu Gew aber sprach er: »Gräme dich nicht. Dein Bezhan lebt. Mobaden weissagten, ich würde bald nach Turan ziehen, um Sijawusch zu rächen. Mir zur Seite würde dein Sohn reiten. Warte bis zum Neujahrsfest, ich will dann den Weltbecher halten, in dem ich alle Länder und Reiche schauen kann. So Gott will, wird er uns Bezhan finden lassen.«

Diese Worte gaben Gew wieder Hoffnung, und er pries die Weisheit seines Schahs.

· III ·

Als das schöne Fest Naurus kam, trat Gew, von Kummer um seinen Sohn gebeugt, vor den Schah. Kai Chosrau sah den Alten, das Gesicht grau, die Augen müde, und er gedachte seines Versprechens. Er umhüllte sich mit einem seidenen Gewand, ging zum heiligen Tempel und warf sich auf die Knie, Gott anrufend, ihn und sein Reich vor Ahriman zu beschützen. Dann kehrte er in den Palast zurück, bestieg den Thron und griff zum Weltenbecher. Er sah darin das ganze All vom Widderzeichen bis zu den Fischen, den Himmel, das Warum und Wie aller Dinge, Mond und Mars und alles, was dem Menschen ansonst verborgen ist. Er durchforschte die Keschwars seines Reiches. Doch nirgendwo vermochte er Bezhan zu finden. Endlich entdeckte er ihn im Land der Kargasaren in einem tiefen Brunnen. Ein schönes Mädchen, wie eine Magd gekleidet, stand am Rande der Grube und ließ kärgliche Speisen an einem Seil hinunter. Der Schah wandte sich Gew zu und sagte: »Leg die Trauer ab, wohl halten die Turaner Bezhan gefangen, sein Leib ist matt, und er wünscht sich den Tod. Aber er lebt. Ich werde Rustam bitten, ihn zu befreien. Er entreißt selbst Krokodile dem tiefsten Wasser. Mache dich auf den Weg, bringe mir Destan Zals Sohn und halte die Sache geheim.«

Gew empfand Freude wie Schmerz. Er lachte und weinte

und ritt, ohne sich Rast zu gönnen, nach Sabul. Rustam empfing ihn wie einen Bruder, und als er vernahm, was geschehen war, tröstete er den Alten und meinte, verhießen die Sterne nichts anderes, wolle er Bezhan zurückholen.

Da küßte ihm Gew Hände, Brust und Füße.

Drei Tage gab Rustam für Gew ein Fest. Sie ergötzten sich bei Wein und köstlichen Speisen. Am vierten Tag aber brachen sie auf.

Als Chosrau erfuhr, daß Rustam nahte, ließ er seinen königlichen Garten schmücken. Zwischen Rosenbeeten wurde ein goldener Thron errichtet und neben dem Thron ein Baum aufgestellt. Sein Stamm war aus Silber, sein Geäst von Gold, statt der Blüten funkelten Rubine. Rundum waren Teppiche ausgelegt, und Moschuswasser entsprang marmorgefaßten Quellen. Spielleute schlugen die Laute, Sänger erhoben ihre Stimme, und reichlich genossener Wein rötete die Wangen aller Geladenen. Der Schah wies Rustam den besten Platz unter dem Baum zu.

»Du schützt Iran wie die Simurg, die uns vor Unheil bewahrt«, sagte er, »dem König bist du ein sicherer Schild. Zieh nach Turan, um Bezhan Hilfe zu bringen. Nimm mit dir, was du an Schätzen und Leuten brauchst.«

Rustam kreuzte die Arme vor der Brust und verneigte sich. Alle rühmten ihn, und die Becher kreisten.

Es blieb nicht aus, daß Gurgin von Rustams Ankunft erfuhr. Alsbald schickte er einen seiner Bewacher zu ihm und ließ den König von Sabul bitten, ihn seiner Not zu entreißen. Er, Gurgin, wolle alles tun, was man ihm auftrug, um Freiheit und Gnade wiederzuerlangen.

»Es fällt mir schwer, für jemanden zu sprechen, der auf krummen Wegen zu Ruhm kommen will«, antwortete Rustam dem Boten. »Aber Gurgin hat mir in den Kämpfen gegen Afrasiab bislang redlich beigestanden. Sein Elend rührt mich an. Sei's also. Kehrt Bezhan heil zurück, sollen Falschheit und Hinterlist vergessen sein. Wenn nicht, werde ich der erste sein, der an Gurgin Rache nimmt.«

Rustam bedachte die Sache einen Tag und noch einen und ging dann zum Schah, um für den Gefangenen zu bitten.

»Begehre etwas anderes«, rief Kai Chosrau. »Verlange Schätze, Länder, ja selbst den Thron, aber nicht Gnade für den Schändlichen. Sein Leben für das Bezhans, so habe ich geschworen.«

»Dein Schwur gilt, o Schahrijar«, erwiderte Rustam. »Schenke mir Gurgin, und die Gerechtigkeit soll nicht verdorben werden.«

Der Schah legte Gurgins Schicksal in die Hände von Rustam. Und dieser befreite ihn bis zum endgültigen Urteil von seinen Ketten.

· IV ·

Kai Chosrau drängte Rustam, ein Heer zu sammeln und aufzubrechen. Er fürchtete für Bezhans Leben. Doch Rustam hielt entgegen, Hast und Lärm seien der Sache von Schaden. Er wolle nicht als Krieger nach Turan ziehen, sondern als Kaufmann verkleidet. Auf solche Art habe er als Kind das weiße Schloß eingenommen. Tücher, Stoffe, Gold, Edelsteine vermochten nicht selten mehr als zehntausend Reiter. So gab Chosrau Befehl, den Königsschatz zu öffnen, und Rustam nahm aus Kisten und Truhen, was ihm nötig schien. Hundert Kamele reichten nicht aus, die wertvolle Last zu tragen. Dann wählte er aus dem Heer tausend Krieger und aus dem Kreis der Großen sieben Pahlawane, sprach seinen Segen über Iran und nahm Abschied.

Rustams Weg führte nach Chotan, wo Piran lebte. An der Grenze ließ er das kleine Heer zurück, trug den Leuten auf, sich ruhig zu verhalten und nur auf einen Wink von ihm zum Schwert zu greifen. Er aber hüllte sich in Kaufmannsgewänder, hieß die sieben Fürsten ein Gleiches tun und trieb die Kamele weiter nach Turan hinein. Nicht lange, und sie kamen an ihr Ziel. Männer, Frauen, Kinder rannten alsbald neugierig auf die Karawane zu, und es gab großes Geschrei. Rustam füllte einen goldenen Becher mit wertvollen Steinen, nahm zwei der edelsten Pferde, legte ihnen perlenbestickte Zügel an, schmückte sie mit seidenen Tüchern und begab sich in Pirans Schloß. Er grüßte den Herrscher von Chotan demütig, reichte ihm die Geschenke und wurde huldvoll aufgenommen. Rustam war so trefflich vermummt, daß Piran ihn nicht erkannte. Der Turaner erlaubte dem Händler, nach Belieben zu tauschen und zu verkaufen. Rustam nahm ein Haus und bot auf dem Basar seine Waren feil.

Bald verbreitete sich im ganzen Land die Kunde von jener Karawane aus Iran. Weithin pries man Teppiche, Perlen, Geschmeide und Brokatstoffe des fremden Kaufmanns, und von überallher kamen Leute und drängten sich auf dem Markt.

Auch Manezhe hörte von den Iranern. Sie lief in die Stadt, zwängte sich durch die Menge bis zu Rustam und rief unter Tränen: »Möge deine weite Reise nicht vergebens sein, deine Hoffnung dich nicht trügen und die Sonne dir heller scheinen als mir. Um eins bitte ich dich. Kehrst du nach Iran zurück, geh zu Gew und Rustam und sage ihnen, Bezhan liegt hier in Ketten und wird sterben, wenn niemand hereilt, ihn aus seinem Grab zu holen.«

Rustam fürchtete, das arme Weib in seiner Verzweiflung könnte seinem Plan schaden, und er fuhr sie heftig an: »Geh zur Seite oder kauf! Ich weiß nichts von Gew und Rustam, und was kümmert mich ein frecher Wicht im Gefängnis. Dein Geschwätz verdirbt mir den Morgen.«

Manezhe brach erneut in heftiges Weinen aus und entgegnete: »O reicher Mann, hast du kein gütigeres Wort für mich? Ist es Brauch in Iran, den Bettler ohne Antwort fortzujagen?«

Die Frau dauerte Rustam, doch konnte er nicht anders, als sich mürrisch und grob zu zeigen.

»Du störst mich«, sagte er. »Es scheint, Ahriman macht dich taub. Noch einmal, ich kenne die Leute nicht, die du nennst.«

Seinen Knechten aber befahl er, die Bettlerin ins Haus zu führen und ihr ausreichend Essen zu geben. Als wäre nichts geschehen, trieb er weiter seinen Handel. Erst als ihm die Gelegenheit günstig schien, trat auch er ins Haus, setzte sich zu Manezhe, fragte, wer sie sei und warum sie in Turan nach Fürsten aus Iran schreie. Und Manezhe erzählte, daß sie Afrasiabs Tochter sei und von Tür zu Tür gehe, um für ihren Geliebten zu betteln.

Rustam gebot dem Koch, ein Huhn zu backen, wickelte es in einen Brotfladen und steckte seinen Siegelring hinein.

»Bring das deinem Geliebten«, sagte er. »Mehr zu tun ist mir nicht möglich. Bitte deinen Vater um Milde, vielleicht, daß er dich erhört.«

· V ·

Manezhe verbarg das Huhn in einem Tuch und lief zum Brunnen, in dem Bezhan schmachtete. Sie ließ den Braten an einem Seil hinunter, und als Bezhan erstaunt fragte, wie sie zu solch köstlichem Huhn käme, berichtete sie von jenem iranischen Kaufmann, der zuerst zornig, dann aber fürsorglich gewesen wäre. In dem Geplagten erwachte Hoffnung. Er aß vom Brot und vom Fleisch und fand bald den Ring, der Rustams Zeichen trug. In seiner Freude lachte Bezhan so laut auf, daß Manezhe fürchtete, das Elend hätte ihn um den Verstand gebracht. Sie wollte wissen, warum er sich derart gebärde, aber Bezhan erwiderte: »Einem Weib kann man die Lippen zunähen, sie schwatzt dennoch aus, was zu verschweigen geboten ist.«

Da weinte Manezhe.

»Ich habe für dich Herz und Haus gegeben«, sagte sie, »Krone und Mägde, Vater und Mutter. Ich werde in den

Straßen geschmäht, von den Türen verjagt. Meinen Trost hast du angenommen, deinen willst du mir vorenthalten.«

Solche Rede beschämte Bezhan. Er gestand dem Mädchen, welche glückliche Ahnung er hätte, hieß Manezhe sogleich auf den Markt laufen und den Händler fragen, ob sein Pferd Raksch gerufen werde. Sie eilte zum Basar und stellte dem Kaufmann die Frage. Da verstand Rustam, daß die Bettlerin um das Geheimnis wußte, und er vertraute sich ihr an.

»Hole aus dem Wald Holz und Reisig«, sagte er, »und entzünde nachts beim Brunnen ein Feuer, damit ich den Weg finde.«

Also tat Manezhe. Und als die Nacht kam und das Holz brannte, schlug den Liebenden das Herz in froher Erwartung.

Rustam sah den Schein des Feuers, streifte das Panzerkleid über und hieß die Seinen sich ebenfalls rüsten. Sie kamen zum Brunnen, fanden jedoch den Zugang durch einen mächtigen Felsblock versperrt. Rustams Begleiter mühten sich vergeblich, den gewaltigen Stein fortzuwälzen. Da sprang Rustam vom Pferd, schnürte seinen Gürtel fester, faßte den Felsblock und schleuderte ihn mit aller Kraft bis in den Wald von Tschin. Die Erde erbebte. Er rief Bezhans Namen, und aus dem finsteren Schlund kam glückliche Antwort.

»Lobe nicht mich, preis einen Größeren«, erwiderte Rustam. »Willst du mir aber danken, so schenke mir Gurgin. Vergib ihm, und denk nicht weiter an Rache.«

»Du weißt nicht, was er mir angetan hat«, rief Bezhan, »treff ich diesen Enkel Ahrimans, soll er mir büßen.«

»Dann bleib, wo du bist«, entgegnete Rustam zornig. Er schickte sich an fortzureiten. Da schluchzte Bezhan laut auf und flehte, ihn aus dem Brunnen zu ziehen, er wolle allem Haß gegen Gurgin entsagen. Rustam warf seinen Strick hinab und holte den auf so grausame Weise Gepeinigten aus der Grube. Bezhan lag nackt vor seinen

Freunden: Haar und Nägel lang gewachsen, der Körper voll Blut, die Wangen fahl. Die Iraner weinten, als sie ihn so sahen, Rustam aber schrie auf. Er zerbrach die Fesseln des Jünglings und schwor, Afrasiab zu strafen. Sie trugen Bezhan in Rustams Haus, wuschen ihn, gaben ihm neue Kleider und taten alles, damit er schnell zu Kräften kam.

Es war nicht angebracht, noch länger in Chotan zu verweilen. Bald würden die Turaner Bezhans Flucht entdecken und nach ihm suchen. So hieß Rustam die Dromedare beladen und die Waren nach Iran bringen. Er selbst wollte mit wenigen Getreuen in Afrasiabs Schloß dringen. Bezhan, so meinte Rustam, tauge noch nicht für ein solches Unternehmen, er solle sich mit Manezhe der Karawane anschließen. Aber Gews Sohn beharrte darauf, mit Rustam zu ziehen. Es gäbe für ihn keinen besseren Arzt als die Rache an Afrasiab, sagte er. Und Rustam gab schließlich nach.

· VI ·

Noch wußte Afrasiab nicht, was sich zugetragen hatte, da riß ihn nachts Geschrei und Lärm vom Lager hoch. Eine Stimme im Vorsaal brüllte: »Schlaf einen süßen Schlaf, schwachsinniger Schah von Turan. Destan Zals Sohn bringt dir gute Träume.« Und eine zweite Stimme schrie: »Hund von einem Turaner, das weiche Bett eines Brunnens wartet auf dich.« Afrasiab erschrak bis auf den Tod, aber noch schlugen sich seine Wachen für ihn und gaben ihm Zeit, über einen geheimen Gang zu entfliehen. Rustam und die Seinen durchwühlten die Gemächer, rissen Wandbehänge herab, zertraten Teppiche, zertrümmerten den Thron. Aber sie suchten vergeblich. Der Schah blieb verschwunden. Wohl oder übel mußten sich die Iraner auf den Weg zur Grenze machen, bevor Afrasiab seine Leute sammeln und gegen die Eindringlinge vorschicken konnte.

Afrasiab tobte wie ein zur Wut gereizter Elefant. Seine Fürsten warfen sich ihm zu Füßen, gelobten Rache für die Schande, und der Schah rief eilig die tapfersten Reiter zusammen. Aber als das turanische Heer die Iraner angriff, hatte sich Rustam schon mit den an der Grenze zurückgelassenen Kriegern vereinigt. Tausend Iraner, so wird erzählt, hätten dreißigtausend Turaner in die Flucht geschlagen. Rustam allein soll tausend niedergehauen haben. Afrasiab, umringt von einigen Getreuen, rettete sein Leben.

Kai Chosrau schickte den Heimkehrenden einen Festzug entgegen. Das Volk lief, seine Helden zu sehen. Der Schah stand am Schloßtor, grüßte die Krieger, umarmte Rustam und sagte: »Glücklicher Destan Zal, dem ein solcher Sohn gegeben ist. Glücklich Sabul, glücklich Iran, das einen solchen Mann besitzt.«

Sie feierten die ganze Nacht hindurch, und als der Tag anbrach, waren alle betrunken. Bezhan und Manezhe aber lebten viele Jahre glücklich miteinander.

Zehntes Buch

Kai Chosrau läßt einen Fürsten prügeln,
fischt einen seltenen Fang
und geht auf wundersame Weise aus der Welt

· I ·

Wie du die Welt hältst, so zeigt sie sich dir.

Noch immer lebte Kawus. Sein Rücken war gekrümmt wie ein Bogen. Es schien, als könne er nicht sterben, solange Afrasiab lebte. Das Reich regierte Chosrau. Er sehnte sich nach Frieden. Doch was er wünschte, ward ihm nicht gegeben, und neues Leid gesellte sich zum alten.

Auch Piran lag erschlagen, Afrasiabs bester Mann. Iran feierte einen großen Sieg. Kai Chosrau aber weinte. Er hatte Sijawusch, seinen Vater, verloren, dann Firud, seinen Bruder, nun lag der Pflegevater hingemordet auf den Steinen. Turan und Iran, die Grenze ging mitten durch Kai Chosraus Herz. Vergeblich hatte er versucht, Piran zu retten. Der Alte blieb Afrasiab treu und seinem Land, schlug allen Reichtum aus und allen Herrscherglanz, den Irans Schah ihm angeboten hatte. Kai Chosrau ließ für den edlen Mann ein Grabgewölbe errichten, das bis zu den Sternen ragte, ließ den Leib des Toten balsamieren, mit Kampfer salben und den Schädel mit Moschus füllen. Dann befahl er, den Leichnam auf einen elfenbeinernen Thron zu setzen. Lange verneigte er sich vor dem Turaner.

Vielleicht daß hier in Kai Chosrau zum erstenmal der Wunsch erwachte, der Welt zu entsagen. Denn, so meinte er, sie schmeichelt dem Menschen und schlägt ihn und weiß am Ende keinen Trost.

Afrasiab aber befiel Entsetzen bei der Nachricht von Pirans Tod. Was die Sterne verheißen hatten, würde sich erfüllen. Die Zeit war heran, das wußte er.

· II ·

Weit im Osten Turans lag die Burg Gang. Dorthin flüchtete Afrasiab. Er lud Fürsten und Ritter an den Hof und suchte Vergessen bei Festen von trunkener Wildheit. Allein Kai Chosrau fand ihn, rückte mit einem Heer an und störte ihn auf. Afrasiab fürchtete den Tod. Er sandte einen Boten zu seinem Verfolger und ließ sagen: »In der Welt verkehren sich die Dinge. Wo hat es so etwas gegeben, daß der Enkel den Großvater bekriegt. Genug Unschuldige haben ihr Blut vergossen. Vergiß Sijawusch und laß uns einen Bund schließen. Du bist nicht weniger Turaner als Iraner. Nimm mich als Vater und meine Söhne als deine Brüder. Bestimme du die Grenzen zwischen unseren Reichen. Ich will mich fügen. Laß uns an der Tafel beisammensitzen. Ich grüße dich als meinen Gast.«

Da lachte Kai Chosrau auf und rief: »Mein Großvater ist ein alter Fuchs. Ich habe nicht vergessen, auf welche Weise Tur seinen Bruder Iredsch umgebracht hat. Bleibt Afrasiab der Thron, so bleibt für Iran am Ende das Grab.« Er schickte den Boten zurück und befahl, um die Burg einen Graben auszuheben und Steinschleudern aufzustellen. Zeigte sich auf der Burgmauer ein Turaner, traf ihn ein Hagel von Wurfgeschossen und Pfeilen. Auf solche Weise geschützt, untergruben andere die Mauer der Festung, indes eine dritte Gruppe mit zweihundert Elefanten Balken heranschleppte. Sie schoben das Holz unter den Steinwall und begossen es mit Naphtha.

Als die Arbeit getan war, die Sonne das Gebirge in einen weißen Elefanten verwandelte, kniete Kai Chosrau nieder und flehte: »Wenn vor dir, o Allgewaltiger, mein Kampf gerecht ist, so laß uns hier nicht verderben.« Dann gab er Befehl, Gang zu stürmen. Seine Krieger warfen brennende Scheite auf das naphthagetränkte Holz. Flammen schlugen hoch, Steine krachten, die unterhöhlte Mauer barst. Die Iraner stürzten mit Geschrei auf die sich verzweifelt wehrenden Turaner, allen voran Rustam und Gew und Bezhan und Gurgin. Vergeblich warfen sich Afrasiabs Sohn Dschahn und dessen Oheim Gersiwas in die Lücke der Mauer. Rustam schlug beide zu Boden und ließ sie gefangen fortführen. Und hatte einmal Chosraus Wort gegolten: den Unschuldigen treffe kein Pfeil — so war es jetzt vergessen. Elefanten rasten, Kinder schrien, Frauen weinten. Die Welt war vom Feuer blind, vom Getöse taub. Der Tod fraß sich satt.

Vom Turm des Schlosses aus sah Afrasiab den Untergang seiner Stadt. Er schrie auf, denn nun blieb ihm nichts mehr. Noch einmal gelang es ihm, durch einen geheimen Gang unter der Erde zu entkommen. Aber es gab auf der Welt keinen freundlichen Platz mehr für ihn.

· III ·

In einem entlegenen Winkel Turans, inmitten der Berge, fernab von Stadt und Dorf, lebte ein Mönch. Er hieß Hum und stammte von Faridun ab. Eines Tages, als er sich dem Gebet hingab, hörte er aus dem Innern eines Felsens lautes Klagen: »O Fürst, o Herrscher, o Jammer, ganz Tschin und Turan gehörten dir, und jetzt besitzt du nicht mehr als diese Höhle. Wo sind deine Krieger, wo die Paläste, wo die leuchtenden Gärten? Ewiger, höher als alles Hohe, willst du mir vergeben, so gib mir den Thron wieder, mein Land, meine Freunde, wo nicht, so laß mich sterben.«

Hum horchte auf. Wer da so wehklagte, konnte niemand anders sein als Afrasiab, der für verschollen galt und den Kai Chosrau zu suchen nicht nachließ. Der Eremit ging der Stimme nach, fand den Eingang zur Höhle und nahm die Fangschnur, die er sonst als Gürtel trug. Er drang in den Felsspalt, warf sich auf den geschwächten Afrasiab, überwand ihn und fesselte ihm die Hände. Dann stieß er ihn aus der Höhle.

»Frommer Mann«, sagte der Schah, »welchen Grund gab ich dir, daß du über mich herfällst. Ich bin ein rechtschaffener Händler und habe Kummer genug. Räuber stahlen mir mein Geld. Mein Leben zu retten, floh ich an diesen ungastlichen Ort.«

Hum ließ sich jedoch nicht täuschen.

»Dein Name schreckt Frau und Kind und läßt den Mann zur Keule greifen«, erwiderte er. »Möge nie ein Herrscher dir gleichkommen. Du erschlugst deinen Bruder, hast den Schah Naudhar ermordet, der dein Gefangener war, schontest auch Sijawusch nicht, vertriebst deine Töchter Farangis und Manezhe, denn Güte ist dir fremd und Liebe und Großmut.«

Als Afrasiab den Mönch so reden hörte, erschrak er.

»Heiliger Mann«, sagte er, »nenne mir einen Mächtigen auf der Welt, den nicht Schuld und Vergehen trifft. Ging von

mir Verderben aus, so war es mir verheißen. Wie könnte ich mich meinem Schicksal entziehen. Erbarme dich also meiner. Ich bin elend genug und nicht minder ein Enkel Fariduns wie die anderen, über denen die Sterne glücklicher kreisten. Wo führst du mich hin? Das Seil schneidet in mein Fleisch.«

»Deine Worte sind wie Unkraut im Garten«, gab Hum zur Antwort.

Aber der einstige Herrscher, der da so kläglich vor ihm stand, dauerte ihn. Und er konnte nicht bestreiten, daß Afrasiab ein Enkel Fariduns war wie er selbst. So lockerte er ihm den Strick. Doch kaum war das geschehen, entschlüpfte Afrasiab den Fesseln und tauchte ins Wasser, das breit den Berg umfloß.

Nun wollte es der Zufall, daß Gew — auf der Suche nach Afrasiab — mit einigen seiner Leute den Fluß entlanggeritten kam. Es verwunderte ihn, den heiligen Mann mit einer langen Stange das Wasser aufrühren zu sehen. Ob ihm ein gewaltiger Fisch das Netz entrissen habe, fragte er.

»O ich Tor«, rief da Hum, »mir ging kein Fisch, kein Netz verloren. Afrasiab schwimmt hier in der Flut. Ich löste ihm die Fesseln, und er entwich.«

Lange liefen sie am Ufer auf und ab, doch weder Steine noch Stangen, noch Netze holten den Schah aus der Tiefe. Schließlich riet Hum, Gersiwas gefesselt herbeizuschleppen. Das Geschrei des Bruders würde Afrasiab aus dem Wasser locken. Und also tat Gew. Er sandte einen Boten zu Kai Chosrau, ihm zu melden, was sich zugetragen hatte, und zu sagen, auf welche Weise der Gejagte zu fischen sei.

Chosrau schüttete Gold und Juwelen über den Boten, lief zum Tempel, warf sich auf die Knie und pries den Himmel. Dann befahl er, Gersiwas zu bringen. Er ließ ihn auf ein Pferd binden. Begleitet von den Großen des Hofes, machte er sich noch zur selben Stunde auf, Afrasiab vom Grund des Flusses zu holen. Am Ufer angelangt, schlugen sie

Gersiwas so heftig, daß er kläglich schrie und um Gnade flehte. Als Afrasiab die Schreie hörte, tauchte er aus der Flut auf. Die Qual des Bruders war ihm schlimmer als der eigene Tod.

Gersiwas aber, da er Afrasiab erblickte, rief ihm, sich unter den Schlägen krümmend, zu: »O Schahinschah, du, dem Dewe gehorchten, wo ist dein Bogen, wo deine Fangschnur, wo deine Weisheit? Wo sind die Fürsten, wo deine Krieger, daß du dich in einem Fluß verbirgst?«

Da weinte Afrasiab. Hum jedoch schleuderte sein Seil, fing den Gewalttätigen in der Schlinge, zerrte ihn zum Ufer und warf ihn Kai Chosrau zu Füßen.

»Das ist's, wovon ich geträumt habe«, sagte Afrasiab. »Der Schleier ist zerrissen, mag kommen, was kommen soll.« Plötzlich aber erfaßte ihn Angst, und er schrie, da er das Schwert in Kai Chosraus Hand erblickte: »Unglücklicher, was geschehen ist, ist geschehen. Lade zur alten Schuld nicht neue. Wie darf es sein, daß der Enkel den Großvater mordet. Kein Weiser vermag zu heilen, was der Jähzornige verbricht. Erlaube, daß deine Mutter mich sieht, dann tu, wozu es dich treibt.«

Allein Kai Chosrau dachte daran, was der Mobad sagt: »Wer den wunden Löwen schont, dem wird's vom Löwen schlimm gelohnt.« Er schlug Afrasiab das Haupt ab. Gersiwas aber hieb er mitten entzwei.

So erfüllte er den Eid, den er Kawus geschworen hatte. Doch das Herz wurde ihm schwer, und er fand, das Leben ließ ihn einen felsigen Weg gehen, ohne Lohn. Er befahl, Staub und Blut von Afrasiabs Leib zu waschen, den Leichnam in Seide und Brokat zu hüllen und ihn zu bestatten, wie es dem Schah von Turan zukam. Gersiwas jedoch ließ er auf dem Feld liegen, den Geiern zum Fraß. Den gefangenen Turanern schenkte er die Freiheit.

· IV ·

Die Rache war vollzogen, Sijawusch gesühnt, und Kawus konnte sterben. Hundertfünfzig Jahre waren hingegangen, nun ruhte er aus von Kriegen und Gelagen, Torheiten und Siegen. Sein Name blieb. Und das ist viel. Kai Chosrau trauerte vierzig Tage, am einundvierzigsten setzte man ihm Kawus' Krone aufs Haupt. Das Heer kam, und die Fürsten versammelten sich. Sie streuten Juwelen und beugten das Knie. Alle glaubten, das Glück sei erreicht, die Not hätte ein Ende. Doch Chosrau blickte tiefer. Saßen die Großen bei frohem Fest, konnte es sein, daß er sie plötzlich verließ. Und wurde herzhaft gelacht, blickte er nicht selten traurig. Immer öfter ging er allein in den Garten und sann über sein Leben nach und die Welt. Jeder Wunsch ist mir erfüllt, dachte er: Die Feinde sind getötet oder verjagt, die Felder bestellt von Hindustan bis Griechenland, die verbrannten Städte neu erbaut, die Karawanen finden in der Wüste ausreichend Wasser. Was aber, wenn ich anfange, wie Sohak zu wünschen und wie Afrasiab, wenn ich Licht in Finsternis verkehre, Wasser in Wüste, Wein in Blut? Niemand in der Welt, nicht König, nicht Knecht, wagt anderes zu reden als ich. Bestimme ich die Nacht zum Tag, sagen Mann und Weib zur Sonne Mond und zum Mond Sonne. Daß die Welt also war und er schwach genug, ihren Torheiten am Ende zu erliegen, davor erschrak Kai Chosrau. Er flehte zu Gott, ihn aus der Welt fortzuholen, damit er den Versuchungen der Macht nicht erliege, nicht zerstöre, was er mit Anstrengung geschaffen hatte.

Tage und Wochen ließ er niemanden zu sich, verbrachte die Zeit im Tempel und fastete.

Als er eines Tages, vor Hunger kraftlos, vom Gebet erschöpft, auf den nackten Steinen einschlief, träumte ihm, der Engel Sirusch neigte sich über ihn und spräche: »O Schah, Glück und Frieden mit dir. Teile deine Schätze aus und wähle einen, dem du Krone und Diamant gibst. Ist das geschehen, suche einen fernen Platz im Gebirge. Dein Flehen ist erhört.«

Chosrau erwachte und fand sein Kleid von Schweiß naß. Er hüllte sich in neue Gewänder, legte allen Schmuck ab und bestieg freudig den Thron.

Inzwischen hatten die Fürsten Irans Boten zu Destan Zal und Rustam geschickt mit der Bitte, ihnen beizustehen. Sie ließen ausrichten, Dewe hätten sich Kai Chosraus bemächtigt und verwirrten ihm den Geist.

Zal und Rustam zögerten nicht, dem Ruf zu folgen. Sie fanden Fürsten, Heer und Gesinde freudlos vor und ließen sich alsbald zum Schah führen. Chosrau hieß sie willkommen und fragte, ob sie eine vergnügliche Reise gehabt hätten.

»Mein König«, sagte Destan Zal, »uns trieb Sorge, denn wir haben gehört, daß du dich vor deinen Fürsten und dem Volk verbirgst, keinen Rat pflegst und keinen Gerichtstag hältst. Ich komme, um zu fragen, warum unser Schah Iran verschmäht, obgleich ihm aufgegeben ist, das Reich, allen zum Wohle, zu regieren.«

Da gab Chosrau den Versammelten kund, daß ihm der Engel Sirusch erschienen sei. Seine Herrschaft neige sich dem Ende zu. Ein anderer werde die Krone tragen und mit ihr die Sorge für Thron, Volk und Land.

Von diesen Worten waren alle betroffen. Verstört entfernten sie sich und ratschlagten miteinander.

»Was quält unseren Herrscher?« fragte einer den anderen. »Zürnt er dem Meer, machen wir's zu festem Land. Ärgert ihn ein Berg, tragen wir ihn ab. Drohen Feinde, töten wir sie. Was also will er?«

Schließlich rief Destan Zal zornig: »Was redet ihr, sein Hirn ist ohne Verstand. Seit ich den Kayaniden diene, hat noch kein Schah närrischer gesprochen als Chosrau. Mag er mich töten, ich will ihm die Wahrheit sagen, ohne sie zu verkleiden.«

Er sprach aus, was die anderen dachten, aber aus Furcht für sich behielten. Jetzt stimmten alle dem Greis lauthals zu und begleiteten Zal, als er ein zweites Mal vor den Schah trat.

»Edler Fürst«, sprach der König von Nimros, »höre ein aufrechtes Wort von einem alten Mann, den das Leben manche Weisheit gelehrt hat. Sage ich Falsches, so magst du mir die Antwort verweigern. Doch findest du auch nur ein wenig Wahrheit in meiner Rede, nimm sie an und verschließ dich nicht. Deine Mutter brachte dich in Turan zur Welt. Du bist Afrasiabs Enkel ebenso wie der des Kai Kawus. Der eine ein Dew, der andere nicht selten ein Tor. Er wollte in den Himmel steigen und fiel herunter. Afrasiab hast du getötet. Kawus starb im Bett. Wir alle lebten in der Hoffnung, dem Kummer folge Frohsinn, dem Elend Gedeihen. Nun müssen wir erkennen, wir lebten einem Wahn. Unser Schah ist vermessener als Kawus und nicht minder von Dewen beraten wie Afrasiab. Wie sollen wir ihm da weiterhin gehorchen?«

»Wir denken, wie Destan Zal spricht«, riefen die Fürsten.

Chosrau zürnte ob solchen Geschreis. Aber er schwieg. Er wollte nicht Kränkung mit Kränkung vergelten. Destan Zal und Rustam waren ihm lieb, die anderen bislang verläßlich und ihm treu ergeben.

»Bedenke deine Worte, Alter, die du im Beisein dieser Leute zu deinem König sprichst«, sagte er endlich. »Wenn ich ein Enkel Afrasiabs bin, dann sag auch, daß Afrasiab ein Enkel Fariduns ist. Lastest du diesem nicht seinen Enkel an, warum gibst du mir schuld an meinem Großvater? Turaner oder Iraner, nimm nicht den Namen für den Mann. Du beschimpfst sonst leicht den Würdigen und rühmst den Unrechten. Der Weise wird nicht als Weiser geboren, der Frevler nicht als Frevler. Und ferner: Kawus wollte zum Himmel fliegen. Soll ich ihn dafür schmähen? Oft gilt als Tor, von Dewen verführt, wer anderes tut als Bekanntes.

Kawus hing an einem Baum, nun gut, doch Mut hat er bewiesen und war der Sonne näher als du, der ihn zu hindern suchte. Zum dritten: Du glaubst mich in den Händen Ahrimans. Also habe ich die Fürsten gehalten wie Knechte, die Saat der Bauern zerstört, Städte verwüstet, das heilige Buch Avesta ins Feuer geworfen, Mobaden geprügelt, Priester aus dem Tempel gejagt. Hab ich's aber nicht getan, sondern fürchte nur, daß ich es tun könnte, und trete ebendieser Furcht die Herrschaft ab an einen Besseren, was siehst du dann Böses und Verwerfliches daran?«

Als Destan Zal den Schah so sprechen hörte, war er beschämt. Er stöhnte auf und bat Chosrau, ihm zu verzeihen.

»O weiser König«, sagte er, »halte mir meinen Unverstand zugute. Tausend Jahre bin ich alt geworden, immer sah ich Fürsten gierig nach Macht und Krone greifen, nie begegnete ich einem, der seinem Thron entsagen wollte aus edler Absicht.«

Da nahm Kai Chosrau den Greis bei der Hand und setzte ihn neben sich.

· V ·

Kai Chosrau befahl, vor der Stadt ein Lager zu errichten. Bald leuchtete das Feld golden und weiß, blau und schwarz. Inmitten der farbigen Zelte erhob sich Kai Chosraus Thron, und darüber wehte die Fahne des Schmieds Kawe. Dicht gedrängt standen Fürsten und Heer. Und der Schah gab seinen letzten Willen kund.

»Treue Freunde, nambare Männer«, rief er, »in meinem Leben habe ich viele an mir vorbeigehen sehen, keiner konnte bleiben. Glücklich der Herrscher, der nicht mit krummem Rücken regieren muß, mit tauben Ohren, blinden Augen und lahmen Beinen. Es wird ihm eine Last und dem Volk eine Qual. Für einen Feldherrn ist es besser, sein

Heer zu entlassen, als von ihm entlassen zu werden, für einen König ruhmvoller, vom Thron zu steigen, als herabgestoßen zu werden. Mir wurde reichlich gegeben, jetzt ist es an mir, auszuteilen. Wer mir treu gedient hat, mag von meinen Schätzen nach Herzenslust nehmen. Wem ich zu danken habe, dessen Namen will ich vor der Welt und vor Gott nennen. Der Bauer soll Feld haben, der Händler Ware, der Schmied Eisen. Den Fürsten überschreibe ich Keschwars und Länder. Sie sollen Brunnen bauen und neue Städte, die Herden vor dem Tiger schützen, sich der Waisen annehmen, der Alten und Kranken, die Wahrheit über die Heuchelei setzen, die Bescheidenheit über die Gier, die Vernunft über die Eitelkeit.«

Alle riefen laut seinen Namen, und das Heer zog, Haufen nach Haufen, an ihm vorüber. Chosrau ließ alle Gemächer im Schloß öffnen, hieß Truhen und Keller aufschließen, und jeder nahm, wonach ihm der Sinn stand. Der Schah überschrieb den Großen aufs neue ihre Länder, gab ihnen andere dazu, und alle waren zufrieden. Dann befahl er Afrasiabs Sohn Dschahn, der noch im Kerker schmachtete, gebunden herzuführen. Die Iraner meinten, Chosrau wolle den Turaner töten, und eilten, ihn zu holen. Aber als der Jüngling vor dem Schah stand, befreite ihn dieser von den Ketten, umarmte ihn und ließ Turan und Tschin auf seinen Namen einschreiben.

»Geh in dein Reich«, sagte er, »und werde ein anderer als dein Vater, damit du nicht endest wie er.«

Alle Fürsten waren aufgerufen und reichlich bedacht, nur ein Name war nicht genannt worden: Lohrasp. Jetzt gebot Chosrau, daß Bezhan ihn bringe. Als Lohrasp vor ihm stand, verneigte sich Kai Chosrau vor ihm und setzte ihm die Krone aufs Haupt.

»Von nun an sollst du der Schah Irans sein«, sagte er. »Weiche nicht vom Recht, weise die Schmeichler von dir. Folge der Vernunft, nicht der Laune. Und was du sprichst, sprich nicht, ohne es zuvor zu bedenken.«

Alle standen erstaunt. Im Herzen der Großen aber regte sich Verdruß und Neid.

»Wer ist Lohrasp?« sprachen sie untereinander. »Als er zu uns kam, besaß er nicht mehr als ein Pferd. Wir kennen nicht sein Geschlecht und haben seine Weisheit nicht erprobt. Unter so vielen Fürsten des Reiches kommt unserem Schah kein anderer ins Gedächtnis als der hergelaufene Bettler.«

Es erhob sich großer Lärm. Und viele riefen, daß sie einem solchen Schah nie und nimmer gehorchen wollten. Kai Chosrau aber hob die Hand, und als es still war, sagte er: »Warum schreit ihr und redet wenig Kluges. Lohrasp ist tapfer, hochherzig und verständig. Sein Ahn ist Kai Kubad, den Rustam vom Alburs geholt hat. Der Engel Sirusch nannte mir seinen Namen, und ich erfülle das Gebot, wie auch ihr es erfüllen solltet, damit Iran kein Unheil widerfährt. Verflucht sei, wer den letzten Willen seines Königs mißachtet.«

Es wurde über die Jahrhunderte gestritten, ob der Bote des Himmels Kai Chosrau einen solchen Auftrag brachte oder ob der weise Schah ihn nur beschwor, weil er die Gier und Mißgunst seiner Fürsten kannte. Sei's, wie es sei, die Aufgebrachten verneigten sich nach diesem Spruch vor Lohrasp, drückten zum Zeichen des Gehorsams die Finger in den Staub und strichen damit über ihren Mund. Kai Chosrau umarmte einen jeden seines Heeres und küßte ihn. Hinter den Vorhängen weinten Weiber und Kinder, auf den Gassen Reiche und Arme. Könige rieben die Stirn im Sand und zerrissen ihre Kleider. Die Erde spaltete sich.

Kai Chosrau gab die Frauen des Harems in die Obhut des jungen Schahs, bestieg sein Pferd und ritt dem Gebirge zu. Ihn begleiteten Destan Zal und Rustam, Gew und Bezhan, Tus Naudhar und manch anderer der Großen. Auf dem Gipfel eines hohen Berges verweilten sie eine Woche. Noch einmal kamen hunderttausend Männer und Frauen aus dem Volk und flehten Kai Chosrau an, sich eines anderen zu besinnen, sei doch auch Faridun nicht vorzeitig aus der Welt gegangen. Aber er schickte die Leute fort und hieß auch seine Begleiter, ihn von nun an allein zu lassen. Vor ihm liege ein Weg ohne Wasser, ohne Gras, ohne Baum. Niemand könne den Pfad zweimal gehen. Iran aber bedürfe ihrer. Destan Zal und Rustam gehorchten, die anderen widersetzten sich seinem Wunsch und folgten Kai Chosrau in die Einöde.

Sie ritten einen Tag und gelangten zu einer Quelle. Dort erfrischten sie sich und bereiteten ihr Lager.

»Heute nacht wird es enden«, sagte Chosrau. »Sucht nicht nach mir, ihr werdet mich nicht finden. Wenn die Sonne aufgeht, kehrt eilig heim, denn ein heftiger Sturm wird losbrechen, Bäume werden umstürzen, Schnee wird fallen und alles zudecken.«

Als der Tag kam, und die Getreuen aus tiefem Schlaf erwachten, war der Schah ihren Blicken entschwunden. Sie suchten ihn in der Wildnis, aber sie fanden ihn nirgends. Schließlich kehrten sie betrübt an die Quelle zurück. Und obwohl Chosrau gemahnt hatte, nicht zu verweilen, verweilten sie. Die Erde war warm, die Luft mild, und sie verspürten Müdigkeit und Schmerz. Sie wollten noch ein wenig ruhen. Doch während sie schliefen, kam Wind auf. Die Luft war rauh wie ein Hyänenfell, und Wolken machten die Welt finster. Weithin fiel Schnee und begrub Wüste und Menschen und Tiere unter sich. Niemand heute weiß, wie Gew und Tus Naudhar und Bezhan und die anderen gestorben sind.

Lohrasp aber bestieg den Thron und war dem Land ein starker und gerechter König.

Elftes Buch

Guschtasp bricht dreimal sein Wort,
will Rustam in Ketten legen und gibt Iran dem Verderben preis

· I ·

Es verging eine Zeit und eine andere, und es war Friede auf der Welt. Kein Land, das sich gegen Lohrasp erhob, kein König, der ihm nicht huldigte. Man mochte meinen, Faridun sei ein zweites Mal geboren worden. Doch was ist, vergeht. Lohrasp wurde alt, und er übergab Thron und Diadem seinem Sohn Guschtasp. Da aber das Volk Lohrasp und die großen Herrscher vor ihm mehr pries als ihn, fürchtete Guschtasp um seine Macht und sann darauf, wie das zu ändern sei.

Eines Tages kam ein Mönch an den Hof. Er trug eine Schale, in der ein Feuer brannte, und verkündete: »Ich bin Zarduscht, ein Bote des Himmels. Dieses Feuer habe ich im Paradies gezündet. Der Schöpfer der Welt sprach zu mir: Nimm die Flamme und geh und lehre die Menschen den rechten Glauben.«

Als der Schah den heiligen Mann so reden hörte, kniete er nieder und betete das Feuer an. Er wollte den Gehorsam der Großen prüfen und zwang sie, es ihm gleichzutun. Und die Fürsten verwarfen den Glauben Fariduns und Kai Kubads und Chosraus, nannten ihn Götzendienst und predigten den neuen Glauben. Der Schah ließ an heiliger Stelle einen Feuertempel errichten, und Zarduscht pflanzte eine Zypresse davor. Sie gedieh, breitete sich aus, und Guschtasp gebot, den Baum mit einem Bauwerk zu umgeben und darin eine Halle zu bauen aus reinem Gold. Dann sandte er Boten in alle Keschwars des Reiches und ließ ausrufen, daß ein jeder dem Glauben der Väter abzuschwören habe und anbeten solle, wie Zarduscht es lehre. Wer sich dem widersetze, sei des Todes. Und überall im

Land, am Meer und in der Wüste, im Gebirge und in der Ebene, stellte man die neuen Altäre auf.

Der Schah von Turan aber, Afrasiabs Enkel, ließ die Feuerstätten löschen, zertrümmerte die Tempel und verweigerte dem iranischen Herrscher den Gehorsam, welchen Kai Chosrau dereinst von Turan erzwungen hatte.

Guschtasp rief seinen Sohn Isfandiyar vor den Thron und verhieß ihm vor allen Leuten Krone, Diadem und Gurt, wenn er die Turaner dazu brächte, Irans Schah von neuem zu huldigen. Er gab ihm ein Heer und schickte ihn über den Dscheihun. Zarduscht, der sich Prophet des wahren Gottes nannte, sprach einen Zauber über Isfandiyars Waffen und goß Wasser über den nackten Leib des Jünglings. Isfandiyars Haut wurde auf solche Weise härter als jeder Panzer. Weder Schwert noch Pfeil, noch Speer vermochten ihn zu verletzen. Nur die Augen waren verwundbar. Isfandiyar hatte sie geschlossen gehalten, als Zarduscht das wunderbringende Wasser über ihn schüttete. Um dem Übel zu begegnen, sprach Zarduscht einen todbringenden Fluch über denjenigen, der Isfandiyars Augen treffen sollte.

Der Jüngling zog aus, schlug die Turaner und kehrte unter dem Jubel des Volkes in sein Land zurück. Den Schah aber reute das gegebene Versprechen. Und als Isfandiyar ihn daran gemahnte, ließ ihn der eigene Vater an einen Felsblock schmieden.

Wieder erhoben sich die Turaner, zerstreuten das iranische Heer, drangen bis in die Hauptstadt vor, ermordeten Lohrasp, raubten die Töchter des Schahs und drohten, ganz Iran zu unterjochen. Niemand konnte das Reich retten außer Isfandiyar. Der König ließ ihn holen und versprach ihm ein zweites Mal den Thron, wenn er die Turaner strafe.

Isfandiyar jagte die Feinde über den Dscheihun und zwang ihre Feldherrn, um Frieden zu bitten. Wieder trat er vor den Vater und verlangte den Thron. Und wieder reute den Alten sein Versprechen. Erst müßten die geraubten Töchter heil zurückgebracht werden, dann sei die Abmachung erfüllt, sagte er. Also machte sich Isfandiyar auf den Weg. Und wie dereinst Rustam auf seiner Fahrt nach Masanderan mußte er Abenteuer auf Abenteuer bestehen. Er schlug sich mit Drachen und Wölfen, Zauberweibern und Dewen, überquerte reißende Flüsse und überwand Schnee und Sturm. Am Ende führte er seine Schwestern glücklich vor den Vater und forderte den Thron. Der Schah kam in arge Bedrängnis. Er wollte nicht von der Macht lassen und mußte doch auch sein Versprechen halten. Da er keinen Rat wußte, rief er einen Sternkundigen und befragte ihn nach der Zukunft seines Sohnes. Der Mobad bat sich Bedenkzeit aus, stellte seine Astrolabien auf und trat am vierten Tag vor den Herrscher.

»O Gütigster aller Gütigen«, sagte er, »Seele und Herz werden dir bluten, denn Rustam wird deinen Sohn töten.«

»Wie soll das geschehen«, erwiderte der Schah, »Destan Zals Sohn ist sechshundert Jahre alt, Isfandiyar aber in der Kraft seiner Jugend, und sein Leib ist aus Erz.«

Der Seher verneigte sich und sprach: »Weisester aller Weisen, die Sterne lügen nicht.«

Da sann der Schah lange nach, ließ endlich Isfandiyar rufen, setzte ihn zu seiner Rechten und sagte: »Mein Sohn, du hast Unvergleichliches vollbracht und bist würdig, Krone und Diadem zu tragen. So habe ich es versprochen, und so soll es sein. Eines aber bereitet mir Sorge. Alle Fürsten und Könige des Reiches huldigen dem obersten Herrn Irans, zahlen Tribut und schicken ein Heer, wenn ich es ihnen gebiete. Nur einer verweigert dir und mir Gehorsam: Rustam. Schon Lohrasp erkannte er als Schah nicht an. Als alle Großen Edelsteine streuten, warf er Staub. Im Kampf gegen die Turaner ließ er mich ohne Hilfe. Dir wird er nicht anders begegnen. Er ist hochmütig, nennt seinen Thron älter als den unseren. Willst du ohne Gefahr regieren, dann zieh nach Sabul, gebrauche List und Gewalt und bringe

Rustam gebunden hierher. Hast du's vollbracht, will ich für alle Zeit der Herrschaft entsagen und dir die Krone aufs Haupt setzen. Das schwöre ich beim Feuer, bei Zarduscht und dem heiligen Buch.«

Isfandiyar war ob eines solchen Verlangens betroffen. Er bat den Vater zu bedenken, was Rustam für Kai Kubad, Kawus und Kai Chosrau getan hätte und daß Iran ohne ihn schon längst ein Raub der Turaner geworden wäre. Allein, Guschtasp beharrte auf seinem Vorhaben, hieß Rustam aufsässig nicht nur gegen den Schahinschah, sondern auch gegen den Propheten Zarduscht und den wahren Gott. Und Isfandiyar, obwohl er die Tücke des Vaters durchschaute, unterwarf sich dem Befehl. Er schlug die Warnung seiner Mutter aus, sich der Krone wegen nicht in den Tod zu stürzen. Der Vater, so meinte die Frau, sei alt, er werde sterben und Isfandiyar ihm als Schah nachfolgen. »Wer tollkühn anfängt, der bereut zu spät«, sagte sie. Doch der Jüngling sehnte sich nach dem Thron. Als er fortging, zerriß seine Mutter im Schmerz ihr Kleid.

· II ·

Sie hatten gerade die Grenze nach Sabul überschritten, da stürzte ein Dromedar. Vergeblich mühten sich die Knechte, es mit Schlägen und Schreien wieder hochzutreiben. Die Krieger beschlich böse Ahnung. Um der Furcht der Leute zu begegnen, befahl Isfandiyar, dem Tier den Nacken zu durchhauen. Aber auch in ihm blieb ein Gefühl des Grauens. Weder Wein noch die Stimme des Sängers vermochten sein Herz aufzuheitern.

Bald gelangten sie in die Nähe von Sabul. Isfandiyar schlug ein Lager auf, rief seinen Sohn Bahman und sagte: »Geh zu Rustam. Erweise ihm alle Ehrerbietung, die dem größten der Helden gebührt, und versichere ihn meiner Freundschaft. Frage, warum er sich weigert, Guschtasp als seinen Herrscher anzuerkennen. Der Schah zürnt ihm deswegen.« Weiter trug Isfandiyar dem Sohn auf, Rustam zu ersuchen, sich gefesselt an Guschtasps Hof bringen zu lassen. Ein solches Ansinnen wäre nicht ohne Schmach, gewiß, die Laune des Schahs finde auch keineswegs seine, Isfandiyars, Zustimmung. Aber es sei nun mal so, der Sohn habe dem Vater zu gehorchen, der Pahlawan dem Herrscher. Rustam, sollte er für die mißliche Lage Verständnis zeigen, würde tausendfach belohnt werden.

Bahman eilte, sich des Auftrags zu entledigen. Von einem Berg aus erspähte er Ritter bei der Jagd. Unter ihnen war ein Greis, der alle anderen an Wuchs übertraf. In der Rechten trug er einen Baumstamm, auf den ein Esel gespießt war, in der Linken hielt er einen Becher Wein. Diener umgaben den Alten, und am Wasser weidete ein Pferd von kräftiger Gestalt und außerordentlicher Schönheit. Bahman dachte, daß der gewaltige Mann Rustam sein müsse und das Pferd Raksch, und ihn befiel Angst um den Vater. Er riß ein Stück vom Felsen los und schleuderte den Brocken auf Rustam. Als die Jäger im Tal das Getöse des herabstürzenden Felsblocks hörten, sprangen sie erschreckt zur Seite. Nur Rustam blieb auf seinem Platz, und als der Stein nah genug war, stieß er ihn mit dem Fuß weit von sich. Das versetzte Bahman in noch größere Furcht. Fürwahr, dachte er, es ist besser, diesen Mann zum Freund zu haben, als sich mit ihm zu schlagen. Er schwang sich wieder aufs Pferd, ritt auf die Jagdgesellschaft zu und gab sich als Sohn Isfandiyars zu erkennen. Rustam schloß ihn in die Arme und lud ihn zum Essen ein. Der Greis verzehrte einen ganzen Esel, und Bahman fürchtete erneut um seinen Vater, denn er dachte an den Spruch: Der Mann zeigt sich beim Schmaus wie beim Strauß. Er hätte dem König von Sabul gern Angenehmeres gemeldet, statt ihm anzutragen, daß er sich freiwillig den Strick anlegen lasse und dem Wahnwitz des Schahs mit Demut begegne. Allein was half's. Es zählte nicht der Wunsch, es galt der Befehl des

Vaters. Und Bahman sagte, was er sagen mußte. Vielleicht daß Rustam früher den Überbringer einer solchen Nachricht hätte in einen Brunnen werfen oder nackt in die Wüste treiben lassen, doch er war sechshundert Jahre alt. Die Torheiten des Lebens waren ihm vertraut. Den Jüngling hätte der Jähzorn hingerissen, der Greis gab sich besonnen.

»Eine Rede, in der kein Sinn liegt, gleicht einem Baum ohne Duft und ohne Frucht«, sagte er. »Kehr zu deinem Vater zurück und richte ihm aus, ich will ihm ohne Heer bis an den Fluß Hermand entgegenreiten. Er mag mir selbst melden, worüber der Schah zürnt. Findet er mich schuldig, soll er meinen Hals ins Joch zwingen. Frag ihn aber auch, ob er den Sturm in einen Käfig zu sperren vermag und das Licht des Mondes in einen Tontopf. Ich will Isfandiyar die Lehenbriefe zu lesen geben, die meine Väter und ich empfangen haben. Er mag mein Gast sein, so lange er will. Wir werden uns an der Jagd erfreuen und an Gelagen und an den Frauen des Harems. Und will Isfandiyar an den Hof zurückkehren, werde ich neben ihm reiten, frei wie ein Bruder neben dem Bruder. Ich werde mich vor dem Schah verneigen und ihm Achtung entgegenbringen.«

Isfandiyar zürnte seinem Sohn, daß ihm nicht Besseres gelungen war. Er schalt ihn vor allen anderen ein Kind, unerfahren und zaghaft. Insgeheim aber staunte er über Rustams Furchtlosigkeit und sein kluges Verhalten. Mit hundert Reitern begab er sich an das Ufer des Hermand, wo Rustam ihn erwartete. Sie umarmten sich und sagten einander viel Freundliches. Doch am Ende beharrte Isfandiyar auf seinem Ansinnen, und Rustam blieb bei seiner Weigerung.

»Die Sucht nach Herrschaft betört dich«, sagte er. Und Isfandiyar antwortete: »Was der Schah befiehlt, das muß geschehen, mag es zum Guten der Welt sein oder zu ihrem Übel.«

Sie waren einander zugetan und trennten sich doch unversöhnt.

· III ·

Noch einmal schien es für kurze Zeit, als könnte das Unvermeidliche vermieden werden. Isfandiyar bat Rustam für den nächsten Tag zum Mahle, und der, auf Frieden bedacht, nahm die Einladung an. Isfandiyar besann sich jedoch eines anderen. Als es an der Zeit gewesen wäre, Rustam durch einen Pahlawan an die Tafel zu holen, konnte er sich nicht entschließen zu tun, was Sitte und Höflichkeit verlangten. Es schickt sich nicht, dachte er, mit jemandem zu speisen, den zu fesseln mir der Schah befohlen hat. Kommt er von selbst, will ich es hinnehmen. Er ließ den Tisch decken und aß und trank ohne den Geladenen.

Rustam saß wartend in seinem Schloß. Als die Stunden vergingen, ohne daß sich ein Abgesandter Isfandiyars zeigte, ließ er gleichfalls die Tafel decken und speiste allein mit seinen Leuten. Da er es aber nicht ertrug, von Isfandiyar derart verhöhnt zu werden, schwang er sich, vom Essen gestärkt, vom Wein berauscht, auf Raksch und ritt ins Lager seines Herausforderers. Er drang in dessen Zelt ein und rief: »Welche neuen Sitten lehrt dich der Prophet Zarduscht! Lädt man einen zu Gast, schickt man ihm auch seinen Diener. Du überhebst dich, nimmst dich selbst als Maß und vergißt die anderen Großen. Besinn dich, ich bitte dich. Iran ist mir teuer, und du bist mir lieb. Ich will keine Feindschaft.«

Der Alte war erregt, Isfandiyar betroffen. Er hub an, sich zu entschuldigen, und er log, nicht aus böser Absicht, wie es scheint, er wollte den Gekränkten im Beisein anderer nicht noch tiefer kränken.

»Warum gleich so heftig«, sagte er. »Der Tag ist heiß, der Weg ist lang. Ich wollte dir die Mühe sparen und dich morgen in der Frühe aufsuchen. Nun aber hast du selbst den Weg durch die Wüste genommen, bist ermüdet und durstig. Setz dich, trink und vertreibe deinen Groll.«

Er bot Rustam den Sitz zu seiner Linken an. Doch der

erwiderte zornig: »Mir gebührt ein anderer Platz.« Isfandiyar befahl seinem Sohn Bahman, den Sessel zu seiner Rechten für Rustam zu räumen. Und keineswegs freundlicher gestimmt, setzte sich der Greis.

War es der reichlich genossene Wein oder Rustams Stolz, der Isfandiyar reizte, den Gast während des Zechens zu verhöhnen, war es die rasche Art der Jugend, Vermessenheit? Es ist nicht überliefert, allein nur aufgeschrieben, was der Jüngling sagte: »O du Löwenherziger, seltsame Geschichten erzählt man sich über die Herkunft deines Vaters. Ein Dew soll Destan Zal gezeugt und ein Vogel ihn aufgezogen haben. Der Säugling bekam keine Milch, sondern rohes Fleisch wie ein Tier. Und da er begann, sich im Nest breitzumachen, trug ihn der Vogel zu Sam, der ihn, blödsinnig und altersschwach, aufnahm, weil er selbst keinen Sohn zeugen konnte.«

Rustam fiel es schwer, an sich zu halten.

»Warum redest du so widerwärtig?« sagte er. »Wenn du den Wunsch hast, dereinst Schah zu werden, dann sprich, wie es sich für einen König geziemt.« Er rühmte die Taten Sams und Destan Zals und seine eigenen. Und Isfandiyar rühmte sich und sein Geschlecht.

»Hab mit dir selbst Mitleid«, sagte Rustam. »Verflucht sei die Krone, die dich verlockt. Stürz dich um ihretwillen nicht in den Abgrund.«

Da lachte Isfandiyar und erwiderte: »Spar deine Wut für morgen, Alter.«

Es war am Ende schlimmer als nach der ersten Begegnung am Fluß. Vernunft und Zuneigung zählten weniger als überkommene Regeln. Der Alte wie der Junge, sie spielten hoch, und sie verloren beide.

· IV ·

Der Kampf begann, kaum daß die Sonne aufgestiegen war. Und als sie sank, floh Rustam, von Pfeilen schwer verwundet, auf einen Berg. Isfandiyar aber, den durch den Zauber Zarduschts kein Schwert, kein Speer, kein Pfeil verletzen konnte, rief übermütig dem fortwankenden Greis hinterher, warum er sich wie ein Kameltreiber auf einem Hügel verkrieche.

Rustam sank vom Pferd, das wie er aus vielen Wunden blutete, und Raksch, des Reiters ledig, trabte herrenlos nach Haus.

Wieder rief Isfandiyar. Rustam möge den Bogen weglegen, forderte er, das Tigerfell abwerfen und sich gefangen geben, dann wolle er ihn schonen. Es sei schon spät, erwiderte Rustam, die Nacht zum Kampf nicht günstig. Er wolle sich mit Vater und Mutter und allen Getreuen beraten, was weiterhin zu geschehen hätte. Vielleicht, daß er sich werde fesseln lassen, wie gewünscht, doch bitte er darum, ihm Zeit zu geben, die Sache zu bedenken. Auf diese Weise ist ihm Suhrab ins Netz gegangen, dachte Isfandiyar. Der Held der Helden, fühlt er sich schwach, greift zu Tücke. Dennoch willigte er ein. Er hoffte auf ein gutes Ende und hätte es doch besser wissen müssen.

Rustam durchschwamm den Fluß und erreichte glücklich das andere Ufer.

Als Destan Zal den Sohn so elend zugerichtet sah, zerraufte er sich das Haar. Rodhabe zerfleischte ihre Wangen. Alle weinten und waren verstört. Rustam aber sagte: »Was soll das Schreien und Wehklagen um Vergangenes, der morgige Tag wird schlimmer als der heutige.«

Sie befreiten ihn von seinem schweren Panzer und pflegten ihm die Wunden. Auch um Raksch mühten sie sich. Dem Pferd ging es nicht besser als dem Reiter.

In seiner Not gedachte Destan Zal der Simurg und der Feder. Er ritt auf einen Berg, entzündete ein Feuer und warf die Feder hinein. Alsbald erschien der Wundervogel, ließ sich neben Zal nieder und fragte, welcher Kummer ihn quäle. Der Greis erzählte, was sich zugetragen hatte.

»Meinem Sohn, Sabul, ja ganz Iran droht der Untergang«, sagte er.

Die Simurg hieß Rustam und Raksch auf den Berg holen. Da das geschehen war, zog der Vogel acht Pfeile aus Rustams Leib, reinigte die Wunden mit dem Schnabel und strich mit seinen Flügeln über den Verletzten. Alsbald fühlte Rustam sich wieder frisch. Gleiches tat die Simurg mit Raksch. Sie zog dem Pferd sechs Pfeile aus dem Hals. Das Tier, von seinen Qualen befreit, wieherte vor Lust.

Nun, da Rustam wieder seine alte Stärke spürte, meinte er, den kommenden Tag nicht mehr fürchten zu müssen. Die Simurg aber warnte: »Laß von diesem unseligen Kampf ab. Isfandiyars Leib ist aus Erz. Vor dem Sohn des Schahs das Haupt zu beugen ist nicht schändlich. Füge dich also.« Allein Rustam wollte eher sterben als sich in Stricken durchs eigene Land treiben lassen.

»Dann schwöre«, erwiderte die Simurg, »daß du Isfandiyar ohne Fesseln an den Hof des Schahs folgen willst. Daß du bereit bist, nicht deinem Haß und falschem Stolz zu folgen. Daß du dich dienstbar zeigst und dem Schah gehorsam.«

»Das gelobe ich«, entgegnete Rustam.

»So will ich dir ein Mittel geben, das dir gegen Isfandiyar hilft, wenn er sich hartherzig zeigt, boshaft und von geringer Vernunft«, sagte die Simurg. »Doch wisse, wer Isfandiyar tötet, muß wenig später selber sterben. Die kurze Zeit, die ihm zum Leben bleibt, ist ohne Freude. Friedlos irrt er durch die Länder. Jenseits dieser Welt aber erwartet ihn neue Qual. Bist du bereit, diese Last auf dich zu nehmen, will ich dir Macht geben über Isfandiyars Leben.«

»Ich bin mit dir einig«, entgegnete Rustam. »Mich kümmert, was auf dieser Welt von mir bleibt, nicht, ob ich drüben gelte.«

»Dann reite heute nacht noch an das Meer von Tschin. Dort in einem Wald wächst eine Ulme. Von ihr brich einen Zweig. Schießt du den als Pfeil Isfandiyar in die Augen, so wird er fallen.«

Und Rustam ritt an das Meer von Tschin. Die Simurg flog über ihm. Tausend Farasangen durchmaß er in zwei Stunden. Er brach den Zweig, kehrte heim, und als die Sonne aufstieg, stand er am Ufer des Hermand und rief nach Isfandiyar.

Isfandiyar, heißt es, war erschrocken. Er fürchtete mit einem Mal den Kampf. Zauber stand gegen Zauber. Wie anders sollte Rustam in einer Nacht genesen sein, wenn nicht durch eine geheime Kraft. Auch die Freunde rieten Isfandiyar, sich mit Rustam zu verständigen.

»Was soll der unsinnige Streit«, sagten sie.

Doch Isfandiyar, einmal so weit gegangen, wollte nicht mehr zurück oder glaubte, es nicht mehr zu können, ohne seinem Ruf zu schaden. Er ließ sich das Kettenhemd überstreifen, griff nach Schwert und Bogen und stellte sich dem Greis.

Rustam, an den Eid gebunden, den er der Simurg geschworen, beteuerte, als Freund zu kommen. Er lud Isfandiyar, wie schon einmal, zu sich aufs Schloß, sie wollten jagen, trinken, sich des Lebens freuen, statt sich zu schinden und zu prügeln.

»Denk an den Spruch des Mobaden«, rief er. »Rennt, Menschen, nicht dem eignen Unstern nach!« Und da Isfandiyar sich wenig beeindruckt zeigte, rief er eine zweite Weisheit hinterher: »Bei Gott, der wahre Ruhm ist nicht das Töten. Bezwing die Eitelkeit in dir. Dein Arm ist stark, dein Kopf verwirrt.«

Die Rede ging noch eine Weile hin und her. Die Worte wiederholten sich. Und als Isfandiyar, des Schreiens überdrüssig, zur Fangschnur griff, schoß Rustam dem Jüngling den Ulmenpfeil durch die Augen. Isfandiyar sank vom Pferd, und der Boden färbte sich von seinem Blut rot.

تیر زدن رستم بر چشم اسفندیار بفرمان سیمرغ

Die Erde spaltete sich im Schmerz, das Meer trat über die Ufer, die Sonne verfinsterte sich. Die Iraner fluchten Guschtasp und nannten ihn den Mörder seines Sohnes. Rustam aber nahm Bahman, Isfandiyars Sohn, zu sich nach Sabul. Und hatte er einst Sijawusch großgezogen, so lehrte er jetzt Bahman die Sitte des Hofes, die Geschicklichkeit im Kampf und die Kunst der List. Er umgab ihn mit seiner ganzen Liebe und Sorge und begann zu vergessen, daß nun auch ihm der Tod nahe war.

Epilog

Gern würde ich das Ende heiterer erzählen. Es ist genug gestorben worden. Der Tod ist satt und alt und müde. Er sehnt sich danach, auszuruhen. Dem Liebenden soll Liebe werden, dem Wanderer Rast, dem Kaufmann freier Handel, dem Bauern Sonne und Regen. Und ist es anders, so wünsch ich jedem Hoffnung, sie mag er in sich zünden wie Destan Zal die Feder der Simurg. Vielleicht, daß dann der Wundervogel kommt, alles Gift aus der Wunde saugt und den Kranken heilt...

Destan Zal war eine Sklavin teuer. Sie war die Freude seines Alters. Und sie gebar ihm einen Sohn. Der König versammelte die Sternkundigen aus Sabul und Hindustan, damit sie ihm das Geschick des Kindes kundgaben. Jedoch die Sterne kündeten nichts Gutes. Ganz Seistan, ja ganz Iran werde durch den Knaben dereinst in großes Leid gestürzt, zeigten sie an. Destan Zal sann, wie er dem Unglück begegnen könnte, und gab den Jungen, den er Schaghad nannte, an den Hof des Königs von Kabulistan. Dort wuchs der Kleine auf und war, zum Manne geworden, seinem Herrn so angenehm, daß dieser ihm seine Tochter anvermählte.

Nun war Kabulistan schon lange Rustam zu Tribut und Zoll verpflichtet. Diesem Gebot kam der Fürst nur mit Groll nach. Jetzt da Schaghad sein Schwiegersohn war, sann er auf ein Mittel, sich von der Last zu befreien. Schaghad hinwiederum war Rustam aus anderem Grund feindlich gesinnt. Er neidete dem Bruder seinen Ruhm und die Liebe des Vaters. Er fühlte sich zurückgesetzt, und so unrecht hatte er auch nicht. Die beiden rieten hin und her, wie sie sich Rustams entledigen könnten. Schließlich sagte Schaghad: »Lade alle Großen deines Landes zu einem Festmahl. Es darf an nichts fehlen, nicht an Wein, nicht an Gesang, nicht an Spiel. Ist reichlich gezecht worden, sprich Böses über Rustam, nenne Zal und seinen Stamm nichtswürdig. Ich werde zum Schein gegen dich aufstehen, nach Sabul reiten und dich bei Vater und Bruder anzeigen. Rustam wird ohne Zweifel hereilen, um dich zu strafen. Laß Gruben ausheben, groß genug für Raksch und seinen Reiter. In die Löcher ramme geschliffene Schwerter, spitze Pfähle und Lanzen. Und merke wohl, zehn Fallen sind besser als fünf. Bedecke die Höhlen mit dünnem Reisig und schütte Laub darauf.«

Dem Fürsten gefiel der hinterlistige Rat. Er richtete ein Gelage aus, und als die Gäste vom Wein erhitzt waren, begann er Rustam und Destan Zal zu beschimpfen, schonte auch Schaghad nicht, sondern hieß ihn einen Bastard, vor Rustams Tür gezeugt von einem Knecht. Schaghad heuchelte Zorn, jagte nach Sabul und verklagte dort seinen Schwiegervater ob eines solchen Frevels.

Es geschah wie vermutet. Rustam sammelte ein Heer, um nach Kabulistan zu ziehen. Doch als die Krieger gerüstet waren, trat Schaghad zu seinem Bruder und sprach: »Warum treibst du einen solchen Aufwand? Schreibe ich nur deinen Namen ins Wasser, zittert ganz Kabulistan. Mein Schwiegervater bereut sicher schon längst, wozu er sich im Trunk hat hinreißen lassen. Ich kenne den Alten und seine Furcht vor dir. Reite mit mir und wenigen Vertrauten. Er wird dir entgegeneilen und deine Schuhe küssen.«

Rustam glaubte der Lüge, schickte die Krieger nach Haus und begab sich mit einigen Leuten nach Kabulistan. Barfuß und bloßen Hauptes lief der Herrscher des Landes ihm entgegen, warf sich in den Staub und flehte um Gnade. Rustam hieß ihn aufstehen, Kopf und Füße bekleiden und folgte, nichts Böses ahnend, dem Arglistigen.

In der Nähe der Stadt war ein verlockend schöner Jagdplatz. Dorthin führte der König von Kabulistan seine Gäste, bewirtete sie reichlich und lud Rustam danach ein, sich an der Jagd zu ergötzen. Nichts war diesem lieber als ein solches Vergnügen. Von Schaghad geleitet, ritt er in den

Wald, wo die Gruben ausgehoben waren. Das Pferd witterte den Geruch der frischen Erde und bäumte sich auf. Rustam schlug das Tier zornig mit der Peitsche. Solcherart gewaltsam weitergetrieben, stürzte Raksch in eine der Gruben und riß seinen Herrn mit sich. Schwerter und Lanzen bohrten sich tief in ihre Leiber. Auf den Tod verwundet, stemmte sich Rustam noch einmal hoch, brach aber am Rande der Grube zusammen. Nicht weit entfernt saß Schaghad, und der Sterbende erkannte, daß alle Bosheit von seinem Bruder kam. Er fluchte ihm, aber es war zu spät. Da er nicht mehr die Kraft besaß, sich zu erheben, bat er Schaghad, für ihn den Bogen zu spannen und zwei Pfeile auf die Sehne zu legen.

»Ein Löwe kann kommen, ich möchte nicht wehrlos in seinen Klauen sterben«, sagte er.

Schaghad trat lachend zu Rustam, ihm den billigen Wunsch zu erfüllen. Da aber riß ihm dieser den Bogen aus der Hand. Schaghad flüchtete hinter einen Baum. Doch der war vom Alter morsch. Der Pfeil durchschlug den ausgehöhlten Stamm und tötete den Mörder.

Rustam war gerächt und starb. Doch er starb ohne Trost. Die Welt, die er ersehnte, hielt ihre Türen fest verschlossen. Auch Destan Zal ist nicht geblieben, denn wer kommt, muß auch wieder gehen. Nur die Simurg will man noch gesehen haben, wo immer Unrecht Recht verfolgt. Sie ist ein Wundervogel.

Firdausi und sein »Königsbuch«

Sagen und romantische Geschichten ranken sich im Lauf der Jahrhunderte um die Gestalten der Vergangenheit. Die Erzähler feiern sie als Helden, sie preisen ihren Mut und ihre edle Gesinnung oder beklagen ihren Untergang im Kampf gegen unverständige und grausame Könige. Nicht nur der tapferen Recken gedenken die Völker, auch der Großen der Kultur bemächtigt sich die Legende, die ihren meist unbekannten Lebensweg ausmalt und zu erklären versucht.

Die Iraner ehren unter ihren Dichtern von hohem Rang Abu al-Qasim Mansur aus der Stadt Tus, der als Firdausi zu Weltruhm kam. Er, der ihnen das »Schahname«, ihr Nationalepos, gab und über dessen Leben wir so wenig wissen, ist selbst zu einer Gestalt der Volksüberlieferung geworden.

Firdausi lebte vor tausend Jahren, in einer Zeit, da der Iran von Fürsten und Söldnerführern in viele einander bekämpfende Staaten zerrissen, zum Spielball fremder Heere geworden war. Angesichts der Leiden des Volkes und tief getroffen von der würdelosen Jagd der räuberischen Machthaber nach Reichtum, schuf er in 50 000 Versen ein Heldenepos, das den Menschen seines Landes die eigene Vergangenheit als eine Epoche der Größe und der Kämpfe edler Helden für die Heimat zeichnete, und rief damit zur Überwindung der Kriege und der Zerrissenheit. Der Dichter widmete sein Werk dem mächtigsten unter den Fürsten Irans, dem Sultan Mahmud von Ghazna, von dem er wohl die Vereinigung des zerstrittenen Landes erhoffte.

Aber der Herrscher würdigte das »Königsbuch« nicht — und an dieser Tatsache entzündete sich die Phantasie der Erzähler. Sie berichteten, der Sultan habe Firdausi ursprünglich für jeden Vers ein Goldstück versprochen. Nach Vollendung der gewaltigen Dichtung habe der Autor eines der öffentlichen Bäder Ghaznas aufgesucht, um sich zu erfrischen. Mahmuds Boten hätten ihn noch im Bad angetroffen, ihm aber statt des versprochenen Goldes nur Silber geboten. Erbost ob dieser Geringschätzung, habe Firdausi die Hälfte des Geldes dem Bademeister für seine Handreichungen geschenkt und den Rest für ein Glas Wein fortgegeben. Darauf habe der Dichter seiner Wut in hundert Versen Luft gemacht und den Sultan einen elenden Geizhals niederer Gesinnung, einen Herrscher ohne Vernunft und Anstand genannt, der der Welt nur Not und Trübsal gebracht habe.

Vor der Rachsucht des Sultans, der gedroht hatte, ihn durch Elefanten zertreten zu lassen, habe Firdausi die Flucht ergriffen. Schahrijar, der mit dem Herrscher befreundete König des Landes Tabaristan am Kaspischen Meer, habe ihm das Spottgedicht abgehandelt und für jeden Vers 1 000 Silberstücke gegeben; auch habe er den Sultan bewogen, dem greisen Dichter zu verzeihen. Doch es war zu spät. Als eine Karawane mit Geschenken Mahmuds durch das Osttor von Firdausis Heimatstadt einzog, trug man den toten Poeten durch das Westtor zu Grabe.

Soweit die Sagen, die über den Verfasser des »Schahname«, des »Königsbuches«, erzählt werden. Als tapferer Iraner, der der Willkür des Sultans getrotzt habe wie die Helden seiner Verse, lebt Firdausi in den Herzen des Volkes.

Was aber ist außerhalb der Legende über den Dichter bekannt, der sich in der Einleitung Abu al-Qasim Mansur nennt (schon dies kann allerdings eine Erfindung sein), und was über seine Zeit?

Firdausi stammt aus Tus, einer Stadt im Nordiran, in deren Umgebung er ein kleines Landgut geerbt haben soll. Geboren ist er zwischen 932 und 942 und lebte sieben bis acht Jahrzehnte.

Tus gehörte zu dem neugegründeten Reich des Sultans Mahmud, das sich vom Westiran bis zum Ganges erstreckte. Gestützt auf seine türkischen Söldner, hatte

Mahmud in wenigen Jahren den Ostiran und Afghanistan erobert. Daher mag Firdausi in ihm den Einiger Irans gesehen und ihm sein Epos zugeeignet haben.

Die Dichtung fußt auf jahrhundertealten Erzählungen, die in vielen Fassungen im Lande verbreitet waren. Der Autor selbst bezeichnet etwa tausend Verse seines »Königsbuches« als das Werk eines Landsmannes namens Abu Mansur Muhammed ibn Ahmad Daqiqi, der vor der Vollendung seines geplanten Heldenliedes über die Könige des Iran (um 980) ermordet wurde. Im wesentlichen jedoch stützt sich Firdausi auf ein Prosawerk, das vier Perser um 957 für den Fürsten von Tus verfaßt hatten. Sie benutzten eine Sammlung persischer Traditionen über die Königsgeschlechter des alten Iran, die schon im 6. Jahrhundert bekannt gewesen zu sein scheint.

Eine andere Quelle des »Schahname« waren in Mittelasien verbreitete Heldensagen. So stellen Wandmalereien aus dem 7. und 8. Jahrhundert aus Pendshikent im heutigen Nordtadshikistan Szenen der Kämpfe Rustams gegen die Dewe von Masanderan dar. Die Sagen über den großen Helden Firdausis und seine Nachkommen beruhen vermutlich auf ostiranischen Überlieferungen. Sie spielen in Seistan, einem Gebiet in Ostiran, über das die persischen Könige nur selten die volle Macht ausübten. Firdausi oder seine Vorgänger mögen sie von Volkssängern gehört oder in heute verlorenen Manuskripten gelesen haben. Sie gehen in eine Zeit zurück, in der der Iran noch nicht von den Arabern erobert (651) und dem Kalifen unterworfen worden war. Das Kalifat war zu Lebzeiten Firdausis bereits wieder in Auflösung begriffen, und in den iranischen Landschaften stritten verschiedene Könige um die Macht.

Nach Abschluß der sich über Jahre erstreckenden Arbeit scheint Firdausi zum Sultan Mahmud nach Ghazna gereist zu sein, um den Lohn zu holen, den er erwartete. Doch er wurde enttäuscht, denn er kam ungelegen. Der Sultan wechselte gerade in dieser Zeit seine politischen Methoden. Er hatte sich im ersten Jahrzehnt seiner Herrschaft um die Unterstützung der iranischen Grundherren bemüht, doch ohne Erfolg. Nun suchte Mahmud den in Bagdad residierenden Kalifen für sich zu gewinnen. Um 1010 gab er das Iranische als Staatssprache auf und ging zur Sprache des Islam, dem Arabischen, über; wollte er doch vom Kalifen als oberster Machthaber aller islamischen Staaten anerkannt werden. Diesen Zielen konnte das »Königsbuch« nicht dienen, der Dichter und sein Werk stießen am Hofe des Sultans auf wenig Interesse. Firdausi verließ Ghazna und wanderte von Stadt zu Stadt, von Burg zu Burg. Er muß zwischen 1020 und 1025 gestorben sein, zu früh, um die Rückkehr des vom Kalifen enttäuschten Sultans zur iranischen Politik der frühen Jahre zu erleben.

Das von den Herrschenden mißachtete »Schahname« fand begeisterte Aufnahme bei den Iranern in Stadt und Land. Es wurde in den Kaffeehäusern ebenso vorgetragen wie in den Burgen des Grundherrenadels, und es wurde viele Male abgeschrieben und weitererzählt. Daher ist es in mehreren Fassungen überliefert, die jeweils zwischen 40 000 und 52 000 Verse enthalten. Die einhundert Verse des angeblichen Schmähgedichts über Mahmud sind eine späte Zusammenstellung von Texten aus dem »Königsbuch«. Sie gehören zu den Legenden um den Nationaldichter der Iraner, den Firdausi aus Tus.

Das Epos spiegelt die sagenhafte Vergangenheit der Iraner im Bilde der Zeit des Dichters. »Turan« war für Firdausi das Land der Nomaden im Norden, die Steppen Mittelasiens. »Tschin« war das ferne China, das Land der kostbaren Seiden und des geschätzten Porzellans. Im Westen regierte der »Kaiser des Abendlandes«, der Herrscher von Byzanz und Erbe der Cäsaren Roms.

Die Gesellschaft, die Firdausi schildert, die reichen Grundbesitzer, die armen Bauern, die ausgebeuteten Sklaven, kleine Fürstentümer und große Reiche, entspricht den

Verhältnissen seines Jahrhunderts. Frauen und Kinder galten als Eigentum der Familienväter. Nur die Damen der Oberschicht lebten in Wohlstand und Glanz.

Den Priestern gab Firdausi den altiranischen Titel der Mobaden, obwohl die Religion im »Königsbuch« eine Mischung des Islam mit den altiranischen, vorislamischen Vorstellungen des Zarathuschtrismus darstellt, in dem die Verehrung des Feuers eine große Rolle spielt. Zu Lebzeiten Firdausis, der selbst Muslim war, bekannten sich nur noch wenige Iraner zur alten Religion des Lichts, deren Lehren in den Büchern des Avesta (der »Sammlung«) erhalten sind. Der im Epos verehrte Gott ist der Gott der Muslims, Allah, dem Engel und Dämonen dienstbar sein sollen. Ein Rest der alten Religion ist die Astrologie, der Glauben, aus den Sternen und ihrer Stellung zueinander das Schicksal der Menschen ablesen zu können. Auch die Dewe, die allgegenwärtigen Geister, entstammen jener ursprünglichen Vorstellungswelt der Iraner, in der sie die finsteren Gegenspieler der Lichtgeister des Guten waren.

In den Sagen des »Königsbuches« siegen immer wieder iranische Helden über die Turaner, die Nomaden der Steppen, die Türken, die Iran mit Krieg überzogen. Doch auch die eigenen Könige erkannten die Iraner oft als mißtrauische und brutale Herrscher. Nicht sie sind die eigentlichen Helden des Buches, sondern ruhmreiche Krieger aus der Schicht der örtlichen Grundherren, zu der auch Firdausi zählte. Es sind tapfere, selbstbewußte Recken, die selbst den Schahinschahs widersprechen und für Gerechtigkeit und Freiheit eintreten.

Jahrhundertelang nahmen die Sagen des »Schahname« die Stelle der zumeist vergessenen Geschichte des Iran ein. Doch kommt nur den letzten Abschnitten, die von dem persischen Königsgeschlecht der Sassaniden handeln, historischer Wert zu. Sie wurden in dieses Buch nicht aufgenommen, da sie nicht die poetische Kraft der übrigen Sagen haben.

In mehr als dreißig Handschriften ist das Nationalepos der Iraner erhalten geblieben. Europa kennt die Verse des »Königsbuches« erst seit wenigen Jahrhunderten. Englische Kolonialbeamte und Forscher brachten die ersten Abschriften aus Indien mit; seither gilt Firdausi auch den Völkern Europas als einer der Großen der Weltliteratur.

Etwa hundert Jahre ist das »Königsbuch« auch in deutschen Nachdichtungen zugänglich; doch läßt sich der Wohlklang der volltönenden persischen Verse in der Übersetzung kaum wiedergeben. Werner Heiduczek hat, gestützt auf die alten deutschsprachigen Ausgaben, die schönsten Sagen in Prosa neu erzählt und erschließt damit die großen humanistischen Werte des persischen Nationalepos dem Verständnis unserer Zeit.

Die Bilder, die in diesem Band den Text begleiten, stammen aus einer persischen Handschrift des »Schahname«, die zu den Schätzen der Deutschen Staatsbibliothek in Berlin gehört. Sie wurde im Jahre 1605 vermutlich in Isfahan abgeschlossen. Wahrscheinlich ist sie in der Schreiber- und Malerschule des persischen Kaiserhofes für Schah Abbas I (1587—1629) geschrieben und ausgemalt worden. Unter der Leitung eines Meisters arbeiteten fünf Maler an den 67 Bildern der Handschrift, die einen Eindruck vermitteln, wie man sich im Iran vor über 375 Jahren die Helden der Sagen des »Königsbuches« vorstellte. Kleidung und Waffen zeichneten die Maler nach der Mode ihrer Lebenszeit.

Bis vor 200 Jahren ist das »Schahname« nicht gedruckt, sondern in Abschriften verbreitet worden. Diese Handschriften sind sehr kostbar. Die besten davon, wie das Berliner Werk, haben begabte Künstler illustriert. Sie zählen zu den wertvollsten Werken der Weltkultur.

Burchard Brentjes

Worterklärungen

Aloe	Liliengewächs mit fleischigen Blättern, geschätzt wegen seines Wohlgeruchs
Ambra	ein Duftstoff, der aus den Ausscheidungen des Wals gewonnen wird
Astrolabien	Singular: Astrolabium; ein Gerät, mit dem die geographische Länge und Breite gemessen werden kann; es diente zur Berechnung der scheinbaren Sternhöhe.
Bastard	Mischling, Hybride; früher auch als abwertende Bezeichnung für ein nichteheliches Kind gebraucht
Badreh	Beutel, Geldbeutel
Behescht	Paradies
Dew	in der iranischen Tradition Geist, Dämon
Diadem	Kopfschmuck, Stirnreif; teilweise ein Rangzeichen der Herrscher
Eremit	Einsiedler
Hinduschwert	Ein Schwert aus indischem Stahl, der für seine vorzügliche Qualität berühmt war; diese Schwerter waren so teuer, daß sie nur von den Reichen erworben werden konnten.
Kandel	Auch Kandis; abgeleitet von arabisch Kand, das ist eingedickter Zuckerrohrsaft; Kandiszucker besteht aus sehr großen Kristallen.
Kayaniden	traditionelles iranisches Herrschergeschlecht
Keschwar	Weltteil, Land, Gebiet
Mobad	Priester der vorislamischen Religion der Iraner
Moschus	stark riechende Absonderung des Moschustieres, aus der ein Duftstoff gewonnen wird
Nariman	iranischer Beiname für Helden

Naurus	das iranische Neujahrsfest
Onyx	farbiger, streifiger Halbedelstein
Padischah	Großkönig; oberster Schah
Pahlawan	Held
Pinie	der Kiefer ähnlicher Nadelholzbaum
Safran	Die getrockneten Blütennarben einiger Krokusarten; sie werden als gelber Farbstoff und als Gewürz verwendet.
Sarawan	Händler
Sipahbad	Herr der Krieger; Heerführer
Schahinschah	König der Könige; oberster Schah
Schahrijar	Reichsverwalter, Herrscher; Statthalter
Tiara	hohe Krone
Türkis	ein blaugrüner Edelstein

Die Umschrift von Namen aus den Schriften des Nahen und Mittleren Ostens ist kompliziert, da diese Sprachen in der Regel nur Konsonanten schreiben und die Vokale regional und in Dialekten unterschiedlich ausgesprochen werden. Die hier gegebenen Namensformen nehmen die von dem Gelehrten Fritz Wolff für sein Wörterbuch zum »Schahname« geschaffene Umschrift zum Vorbild.

Inhalt

Autor und Verlag
danken der Deutschen Staatsbibliothek, Berlin/DDR,
für die freundliche Genehmigung zur Reproduktion
der persischen Miniaturen,
entnommen aus: Firdousi, „Schahname“
(Handschrift Ms. or. fol. 4251).

که او را فروغی چنین هدیه داد / همین آتش آنگاه قبله نهاد
بگفتا فروغیست این ایزدی / پرستش باید اگر بخردی
شب آمد برافروخت آتش چو کوه / همان شاه در گرد او با گروه
یکی جشن کرد آن شب و باده خورد / سده نام آن جشن فرخنده کرد
بدو ورجی داد فر و کیان / ز نخچیر گور و گوزن ژیان
جهاندار هوشنگ با هوش گفت / بدارید شان این چنین جفت جفت
جدا کرد گاو و خر و گوسفند / بورز آورید آنچه بد سودمند
شد آباد از کشت و ورز این جهان / چو آن پوشش چرم شد تن نهان
بگسترد گیتی چو روی سپهر / تو نیز ای پسر راه نیکی سپر
بدیشان بورزید و زیشان بخورد / همی تاج بر خویشتن در خورد
ز پوینده گان هر چه مویش نکوست / بکشت و بسرشان برآهیخت پوست
چو سنجاب و قاقم چو روباه گرم / چهارم سمورست کش موی نرم
برانگونه بالای پوینده گان / بپوشید از چرم پوینده گان
ببخشید و گسترد و خورد و سپرد / برفت و جز از نام نیکی نبرد
بسی رنج برد اندران روزگار / بافسون و اندیشه نابکار
چو پیش آمدش روزگار بهی / ازو مردمی ماند تخت مهی
زمانه ندادش زمانی درنگ / شد آن تنگ هوشنگ با هوش و سنگ
نپیوسته خواهد جهان با تو مهر / نه نیز آشکارا نمایدت چهر

رنجک کشتن طهمورث دیوبند و هنرمندی او

پسر بود او را یکی هوشمند / گرانمایه طهمورث دیوبند
بیامد بتخت پدر بر نشست / بشاهی کمر بر میان بر ببست
چنین گفت کامروز تخت و کلاه / مرا باید آیین با تاج و راه
جهان از بدیها بشویم برای / پس آنگه کنم در کوی گرد پای
ز هر جای کوته کنم دست دیو / که من نیز خواهم جهان را خدیو
هر آنچیز کاندر جهان سودمند / کنم آشکارا گشایم ز بند
پس از پشت میش و بره پشم و موی / برید و برشتن نهادند روی
بکوشید و کرده پوشش بجای / بگسترد نی بود و هم رهنمای
ز پوینده گان هر چه بد نیک رو / خورش کردشان سبزه و کاه و جو
دمنده دد و دام را بنگرید / سیه گوش و یوز از میان برگزید
بچاره بیاوردش از دشت و کوه / ببند آمدند آنکه ازان گروه
ز مرغان همان آنکه بد چنگسار / چو باز و چه شاهین گردن فراز
بیاورد و آموختنشان گرفت / جهانی بماند از و در شگفت
بفرمودشان تا نوازند گرم / نخوانندشان جز بآواز نرم
چو این کرده شد ماکیان و خروس / کجا بر خروشد گه زخم کوس
بیاورد و یکسر بمردی بدید / بکستی همه سودمندی گزید
چنین گفت کین را ستایش کنید / جهان آفرین را نیایش کنید
که او دادمان بر ددان دستگاه / ستایش مر او را که بنمود راه